edition
lex liszt 12

Erste Auflage 2021
©edition lex liszt 12
Raingasse 9b, A-7400 Oberwart, Austria
Tel +43(0)3352/33940, Fax +43(0)3352/34685
info@lexliszt12.at, www.lexliszt12.at
ISBN: 978-3-99016-190-6

Verlagsleitung: Horst Horvath
Lektorat: Christine Heindl
Coverbild: Markus Huber
Layout und Gestaltung: bayamos.ro
Druck: Der Schmidbauer, Oberwart

Gedruckt mit Unterstützung von

Die edition lex liszt 12 wird im Rahmen der Kunstförderung des
Bundesministeriums für Kunst, Kultur, öffentlichen Dienst und Sport
sowie durch das Land Burgenland unterstützt.

Rudolf Karazman

Nikitsch/Filež – leben und lieben an der Grenze

Erzählung mit Musik

Übersetzung: **Joško Vlasich**
Mit „Gradišćanski Funeral & Wedding Songs"
arrangiert und instrumentiert von **Peter Vieweger**
Zeichnungen von **Christiana Uikiza**

edition
lex liszt 12

Inhalt/Sadržaj

Begrüßung

Vor 100 Jahren ist das Burgenland zu Österreich gekommen. Und vor 500 Jahren sind unsere Vorfahren dort angekommen, wo heute Burgenland ist. Kroatisch sprechende Frauen und Männer aus den ärmsten und tödlichsten Gegenden des Balkans. Osmanische Raubzüge und Überfälle, karger Boden und Hunger, der Totentanz der Pest. Viele flohen über die Adria nach Italien. Und auch damals blieb so manches Boot leer.

Das heutige Burgenland, wie die Regionen am Balkan, zählten zum ungarischen Hoheitsgebiet der Monarchie. Die Türkenkriege und die Pest leerten in diesem Teil die Dörfer und Felder blieben unbestellt. Die ungarische Aristokratie siedelte die kroatisch-sprechenden Leibeigenen als Schutzwall und Arbeitskraft vom Balkan ins heutige Grenzgebiet zwischen Slowakei, Ungarn und Österreich. Die Fußmärsche dauerten Wochen. Viele starben, alle hungerten. Und als sie ankamen, fanden sie Verwüstung und Zerfall. Sie blieben und begannen zu arbeiten.

Dort waren und blieben sie nicht die einzige Volksgruppe. Hierhin flohen jüdische Menschen vor Pogromen, evangelische Menschen vor der Gegenreformation oder Roma-Menschen vor Rassismus und lebten mit Menschen deutscher, ungarischer, kroatischer Muttersprache oder Romanes zusammen. Hierhin flohen 1956 hunderttausende Ungarn, 1968 zehntausende Tschechoslowaken, 1989 überquerten Menschen aus der DDR und in den 90ern fanden tausende Opfer der jugoslawischen Tragödie neue Heimat. Im Sommer 2015 kam die leidende Welt in das Land. Burgenland, Zuflucht und Einwanderung, einzigartig in Europa. 1938 haben wir Menschen zweier Volksgruppen verloren.

Burgenland galt lange als Armenhaus Österreichs. Nikitsch, oder auf „kroatisch" Filež, galt bis vor wenigen Jahren als ärmste Gemeinde. Doch als Kind erlebte ich eine reiche Gemeinde. Reich an Herzlichkeit, an Witz, an Wertschätzung, an Zusammenkommen, an Liedern, Ritualen und Zusammenarbeit, an Gesang, Tanz und Küche. Heute glänzt das Burgenland und die kleine kroatische Volksgruppe gratuliert mit einem Blumenstrauß an Talenten: Lukas Resetarits, Ostbahn Kurti, Christian Kolonovits, Eva Marold, Joško Vlasich, Julia Dujmovits, Terezija Stoisits, Thomas Stipsits, Familie Grandits, Buczolich, Gludowatz, Parits, Ivanschitz oder Norbert Darabos. Und Kolo Slavuj, Graničari, Zeljenaki, Štokavci oder Bruji, Pax und Coffeeshock Company. Dieses Wunder wurde von Eltern und Großeltern geschaffen, von Bauern, Bedienerinnen und Bauarbeitern, den „kleinen" Leuten. Wie konnte dieses Wunder gelingen? Wie konnten fast alle Jugendlichen ein Gymnasium besuchen, noch lange vor Kreisky?

Diese Erzählung sammelt Andeutungen auf diese Frage, familiäre Andeutungen und besondere Andeutung auf die Mütter. Ich verdanke meiner Herkunft sehr viel und habe den Dank in meiner wissenschaftlichen und politischen Arbeit ausgedrückt. Mit dieser Erzählung und der Musik lade ich alle Menschen ein, bei uns vorbeizuschauen und reinzuhören.

Pozdrav

Pred 100 ljet je Gradišće priključeno k Austriji. A pred 500 ljet su došli simo naši praoci i pramajke. Hrvatski govoreće žene i muži iz najsiromašijih i smrtonosnijih krajev na balkanu. Razbojnički napadi uboga zemlja i glad, smrtni tanac kuge. Mnogi su pobigli preko Jadrana u Italiju. Ali i onda je ostao već ki čamac prazan.

Današnje Gradišće kot i neke krajine na balkanu su pripadale u monarhiji vrhovnoj vlasti Madjarske. Turski napadi i kuga su spraznili sela a zemlja se nije obdjelivala. Ugarska aristokracija je naselila hrvatsko govoreće kmete kot obrambeni nasip i djelatnu snagu iz balkana u današnju pograničnu krajinu med Slovačkom, Ugarskom i Austrijom. Pješačenje je trajalo tajedne dugo. Mnogi su pomrli, svi su gladili. A kad su dospili simo, našli su opustošenu zemlju i propadana naselja. Oni su ostali i počeli djelati.

Nisu ali bili jedina narodna grupa ovde. Židovi su pobignuli simo pred pogromom, ljudi lutorske vjere pred protureformacijom ili Romi pred rasizmom i su živili skupa s nimško, ugarsko, romanes ili hrvatsko govorećimi ljudi. Simo je pobiglo 1956. stotisuće ljudi iz Ugarske, 1968. desettisuće iz Čehoslovačke, 1989. pregazili su ljudi iz DDR-a granicu a u 1990. našlo je tisuće žrtav jugoslavske tragedije ovde svoju novu domovinu. U ljetu 2015. pregazio je trpni dio svita našu zemlju. Gradišće, utočišće i zemlja naseljavanja, jedinstveno u Europi. 1938. smo izgubili ljude dvih narodnih grup.

Gradišće je valjalo dugo kot ubožnica Austrije. Filež je bila dugo najsiromašija općina. Ali ja sam kot dite doživio bogatu općinu. Bogatu srdačnošću, humorom, cijenjenjem, sastajanjem, jačkami, rituali i suradnjošću, jačenjem, tancanjem i dobrom kuhinjom. Danas se Gradišće sviti a mala narodna grupa čestita buketom talentov: Lukas Resetarits, Ostbahn Kurti, Christian Kolonovits, Eva Marold, Joško Vlasich, Julia Dujmovits, Terezija Stoisits, Thomas Stipsits,

8

obitelj Grandits, Buczolich, Gludowatz, Parits, Ivanschitz ili Norbert Darabos. Pak Kolo Slavuj, Graničari, Zelenjaki, Štokavci ili BRUJI, Pax-i, Turbokrowodn i Coffeeshock Company. Osnova ovoga čudesa su roditelji, stari starji, seljaki, podvaračice i djelači. „Mali" ljudi su ostvarili ča velikoga. Kako se je ovo čudo ugodalo? Kako su skoro svi od njih mogli pohadjati gimnazije jur dugo pred Kreiskyjem?

Priča sabira aluzije o ovom pitanju. Obiteljske, regionalne i posebne aluzije o majka. Ja imam mojemu porijeklu puno zahvaliti i sam izrazio svoju hvalu svojim znanstvenim i političkim djelovanjem. Ovom pričom i muzikom pozivam sve ljude dojti k nam i nas poslušati.

Nikitsch/Filež – leben und lieben an der Grenze

Unser Dorf

unsere Gasse

unsere Mütter

Ich fuhr mit einem Zwei-Kilo-Brotlaib den „Berg" hinauf. Der „Berg" war eine Anhöhe von fünf Metern. Als Kind, mit Steyr-Waffenrad und einem Zwei-Kilo-Brot-Laib, wird jeder Buckel zum Berg. Erschöpft übergab ich den Riesen-Laib meiner Großmutter, meiner Stara Majka.

Großmutter schnitt eine Scheibe vom Laib. Sie schmierte Schmalz, streute Paprika und Salz. Sie überreichte ihrem Engel das Brot. Ihr Gesicht strahlte. Das Brot größer als mein Mund, größer als mein Kopf. Ich biss, das Brot roch, warm, das Schmalz schmolz. Ich dankte meiner Großmutter. Großmutter strahlte noch heller.

Sie trug Kopftuch. War 1960 noch kein verdorbenes Thema. In unserem Dorf trugen die älteren Frauen meistens ein Kopftuch. „Ti se rači", fragte Großmutter. „Schmeckt es dir?" „Es schmeckt mir!" Stara Majka strahlte weiter. „Ti se rači" war kroatisch. Burgenlandkroatisch. Mein Dorf war mehrheitlich ein kroatisch-sprechendes. Es heißt Nikitsch. Das ist allerdings der „deutsche" Name. Auf Kroatisch heißt Nikitsch Filež, was aber nicht aus dem Kroatischen kommt, sondern aus dem Ungarischen. Der Nachbarort wiederum heißt Deutschkreutz. Dort lebte einst eine große jüdische Sieben-Gemeinde. Ein einsamer und unsichtbarer Friedhof denkt noch an sie. Im heurigen Sommer fanden sich beim Abbruch eines Hauses dessen Grabsteine als Fundament wieder. Der andere Nachbarort heißt Lutzmannsburg. Deutsch und Kroatisch. Lučman war Zufluchtsort für verfolgte Protestanten zu Zeiten der Gegenreformation. Und nebenan Langental, Longitolj, dort lebten mehrheitlich Roma. Der andere Nachbarort heißt Zsira und liegt schon in Ungarn. Burgenland, der bunteste Fleck Europas. Bis 1938. Seit damals dunkeln zwei schwarze Sterne überm Land.

11

Kroatisch ist eine schöne, eine singende Sprache. Vor allem eine laute. Die kroatischen Dörfer im Burgenland sind lauter als die anderen. An der Lautstärke werden wir erkannt. Wir schreien von Haus zu Haus, über die Gasse und von Feld zu Feld. Über den Lärm der Traktoren drüber: „Dobro jutro! Guten Morgen!"

Gegen Abend sammeln sich die Nachbarn vor einem Haus in ihrer Gasse. Sie nehmen Sessel mit. Sie ruhen sich aus. Alles getan. Sie wollen sich sehen und haben Freude aneinander. Zumindest die meisten. Mutter fuhr jeden Abend mit dem Rad zum Friedhof. Wenn wir zum Friedhof fuhren, grüßte meine Mutter die sich vor den Häusern Ausruhenden: „Na, ruht ihr euch aus?" „Ja, wir ruhen uns aus!", antworteten die Sitzenden und lachten freundlich zurück. Echo-Räume sind eine kroatische Erfindung. Einmal überhörte meine Mutter am Rad vor lauter Lautstärke den Randstein und stieg wie ein Engel empor. Ein Schutzengel hielt sie fest und ließ sie fast unverletzt landen.

Die Lautstärke nahm Mutter mit nach Wien. Sie telephonierte sehr laut. So laut, als müsste sie die Entfernung übertönen. Sie brauchte kein Telephon, sie hatte Phon genug. Sie schrie in Nikitsch zum Nachbar Ivan quer über die Straße: „Am Friedhof lassen wir uns eine Telephonleitung zwischen unsere Gräber legen. Dann können wir von Grab zu Grab telephonieren!" Ivan hätte meine Mutter auch ohne Telephonleitung gehört. Beide waren ziemlich beste Freunde. Ivan starb. Und Mutter am nächsten Tag. Eine unerklärliche Blutung.

Nach ihrem Tod sagten die Nachbarn: „Waunn die Tilda nach Nikitsch gekommen ist, wussten wir, dass jetzt die lustige Zeit in unserer Gasse beginnt." In Nikitsch verwandelte sich meine Mutter in ein Mädchen, auch mit sechzig. Scherze nach allen Seiten. Bussi. Sticheln. Singen. Besuch da und dort. Besuch von da und von dort. Fast immer Essbares am Teller. Und abends dann zum Friedhof.

Zwischen Kirche und Friedhof bahnt sich die Straße durch unser kroatisches Leben. Beim Begräbnis ist der Friedhof traurig, aber sonst eher fröhlich. Vor den großen Festtagen ein Gewusel mit Kannen und Blumen. Lichterleuchten. Geschnatter, Lachen,

Begrüßungen. Vergeblich rufen die Grabsteine „Ruhet in Frieden". Vor Allerheiligen und Heiligabend wird geschmückt und geschönt, alle Gräber aller Verstorbenen. Abends flimmert ein rotes Leuchtenmeer, beladen mit Blumen und Gestecken. Sich dem Zauber zu entziehen ist keine Option. Allseitiges Begrüßen und Wiedersehen und Umarmen und Küssen. Krankheiten werden aufgezählt. Kinder werden nacherzählt. Und Mutter stolz mit ihrem Sohn für alle sichtbar: der Herr Doktor. Auch als Fünfzigjährigen begrüßten mich ihre Freundinnen mit „Du bist doch Tildas Bub?". Nikitsch, schon immer ein Matriarchat.

Der Friedhof trägt das soziale Ritual. Menschen kommen zusammen, tauschen aus, teilen mit und mit anderen. Der Friedhof weitet sich breit in den Sonnenuntergang des Lebens. Das meiste Geld in Nikitsch liegt in der Filiale der Raiffeisenbank. Das zweitmeiste am Friedhof. Grabsteine sind teuer. Wirklich teuer. Grabsteine sind für die Lebenden. Liebesbeweise den ihren, Kraftbeweise den anderen. Viele lassen ihren Grabstein schon zu Lebzeiten errichten. *Sicher ist sicher und so hat man was davon.* Meine Mutter ließ ihren Namen auf den Grabstein meines früh verstorbenen Vaters eingravieren. Mit goldenen Lettern „Mathilde Karazman", ihr Geburtstag, ein Bindestrich, eine Leerstelle. Sie freute sich über den Grabstein. Sie putzte und schaute auf ihren Namen und putzte dann noch die große Madonnenfigur und putzte dann die Leerstelle. Sie war stolz auf ihren Grabstein und beruhigt.

Sie gab auch klare Instruktionen zu ihrem Begräbnis. An uns. Oft. Das kleine Dunkelblaue. Weißer Kragen. Auf die Wangen etwas Rouge. Nicht zu viel, es soll schon echt ausschauen. Und eine Krawatte soll ich tragen. Zum Friseur gehen. Und jedes Mal gab sie unserem Sohn einen 50-Euro-Schein und flüsterte ihm verschwörerisch zu: „Kauf dir was Schönes zum Anziehen bei meinem Begräbnis." Jahrelang ging das so. Die Scheine wurden größer und Nikis Bewusstsein auch. Als uns das Spital anrief, dass Mutter nicht mehr viel Zeit blieb, zog Niki als erster los. Oma und Niklas verstanden sich sehr. Niki lachte laut, wenn meine Mutter mich „Haustyrann" nannte. Als ich zum Begräbnis in das Dorf erstmals ohne meine Mutter einfuhr ...

Meine Frau und unser Sohn, wir begleiteten den Sarg zum Grab. Viele Menschen, Trauerfrauen und Männerchor. Freunde aus Kroatien und Wien. Und Teta Katica flüsterte: „Ihr seid so schön." Mother accomplished. Nun lag sie vis-à-vis zu Ivan.

Von da an „allein" im Haus. Mutter ließ das alte Bauernhaus von Stara Majka und Stari Otac neu bauen. Alles Geld dafür als alleinerziehende Bedienerin erarbeitet. Mutter ließ bauen. Kein Handgriff beim Hausbau selbst. Zum ersten Mal in Nikitsch. Und noch dazu eine Frau. Damit zeigte sie es sich und allen anderen. Sie musste als junge Mutter das Elternhaus meines Vaters verlassen. Zu viele im Haus und zu wenig willkommen. Liebesheirat noch selten und unerwünscht. Nun kehrte sie zurück, als starke Frau mit starkem Auftritt. Sie baute mit der ersten Baumeisterin Burgenlands. Zwei selbstbewusste Frauen. Viele Nachbarn freuten sich für meine Mutter. Es war ein gutes Zeichen für die Gasse, wenn Nachwuchs kommt. Auch älterer. Doch einige Männer fühlten sich entmannt. *Eine Frau lässt sich ein Haus bauen! Noch dazu mit einer Baumeisterin!* Früher Feminismus wehte durch unsere Gasse. Manche Männer wurden hässlich.

Mutter hat uns die Planung überlassen. Oder auch nicht. Ihre Schwankungsbreite war enorm. Meine Frau und ich wollten das alte Bauernhaus erhalten und renovieren. Meine Mutter wollte das Alte nicht, sondern eine Villa wie in „Dynasty". Mit Springbrunnen und einem erhobenen Balkon, mit Säulen zur Straße. Das alte Haus hatte nur Küche und Schlafzimmer. Es hätte noch den Stall, die Scheune und die Kammer zum Renovieren gegeben, aber: „Freilich, in der Kammer werden wir jetzt schlafen? Va kambri!? So weit kommts noch! Was sollen die Leute über uns denken?"

Sie hatte Recht. Einen kleinen Bauernhof zu renovieren, wo Tieren mehr Platz gegeben wurde als Menschen, war für Mutter kein Zeichen von Aufbruch. Im Schlafzimmer hatten wir ein Doppelbett, ein Canapé, zwei Kleiderkästen und einen Ofen. Im Sommer, wenn wir alle im Haus waren, schliefen wir mitunter zu siebt im Zimmer. Vater und Onkel am Boden, Stari Otac am Canapé, Tante, Mutter, Stara Majka und ich im Bett. Es war schön und lustig. Gut, es gab lange Gebete. Sehr lange. Aber auch Geschichten und Lieder. Meistens sangen wir ein Lied mit den Namen aller, die uns gerade einfielen. Jeder Name endete mit einem langen „O". Mama-oooo. Papa-oooo. Je mehr uns einfielen, umso länger und lustiger der Gesang. Letztlich wurden auch Gegenstände in dieses Abendgebet aufgenommen.

Im Winter hatten wir riesige Tuchenten. Als Kinder versanken wir im Meer der Daunen. Die Polsterbezüge trugen selbst eingestickte Initialen meiner Mutter. Die Aussteuer ist nach Nikitsch zurückgekehrt. Bei großer Kälte schob Großmutter einen erhitzten Dachziegel unter die Decke. Großmutter kannte viele medizinische Geheimnisse. Beim Spielen bohrte sich ein solider Schiefer tief in meinen Daumen. Seine Entfernung scheiterte. Das Spital weit weg und Kühe das einzige Transportmittel in unserem Haus. Großmutters Geheimnis war eine Tomate. Sie schnitt die Tomate in zwei Hälften und drückte beide um meinen Daumen. Sie nahm ihr Kopftuch und band das Ganze zu einem Monster-Daumen. „Wirst sehen, morgen ist der Schiefer raus! Sutra!" Am nächsten Morgen war der Schiefer raus. Er lag im Kopftuch und mein Daumen glänzte fast unversehrt. Es war ein Rätsel, wie solch ein Schiefer von alleine meinen Daumen verließ. In meinem späteren Leben gab es immer wieder Schiefer und Tomaten-Versuche, aber nie mehr gelang das Wunder meiner Großmutter.

Meine Großmutter war klein und rund und konnte alles. Sie kochte, schlachtete, raspelte, bügelte, pflanzte, fütterte, züchtete, sichelte, schneiderte, schabte, schnitt, grub und war die beste Kinderfrau. Die Lieblingsspeise meiner Tante und Mutter, und der ganzen Gasse, war Großmutters Kürbisstrudel. Die Kürbisse wuchsen als Kollateralnutzen im Kukuruz. In der Küche war ein Kaminofen gemauert. Mehrere Backbleche wurden mit Strudelbahnen belegt und vormittags in den Kaminofen geschoben. Schön rußig und rauchig wurden sie zu Mittag fertig. Bučnjaki. Mutter und Tante stürzten sich auf sie und strahlten. Dann wurden auf Teller Strudelschnitten aufgehäuft und zu den Nachbarn getragen. Zum Kosten.

Natürlich alle voll des Lobes. Und wenn bei unseren Nachbarn Bučnjaki-Tag war, erhielten wir einen Teller voll Strudel zum Kosten. Und auch wir waren voll des Lobes. Unter uns, Großmutters Bučnjaki waren natürlich die besten.

Jahrzehnte später kam eine Einladung zum ORF in die Sendung „Mahlzeit Burgenland". Der Anker der Sendung war eine Speise, die man „mitbringen" sollte. Ich wählte Bučnjaki – für Stara Majka und Mutter. Ich übte die Tage vor der Sendung mehrmals. Ich sprach mit Cousinen und Nachbarinnen über die Zutaten. Ich füllte eine Tasche mit Rahm, geriebenem Kürbis, Teig und Schmalz und Salz und Pfeffer und fuhr nach Eisenstadt. Ich war nervös und fragte mich, wie das alles in einer Stunde? Ich traf den Organisator, er bereitete mich vor und schließlich fragte ich: *Wo ist die Küche? Wo kann ich beginnen?* Er lachte, ich soll das Rezept nur erzählen. Ein Kürbis fiel vom Herzen.

Es gab einen produktiven Wettbewerb zwischen den Frauen in der Gasse. Unglaubliche Meisterwerke wurden gebacken und gekocht. Und dann zum Kosten gebracht. Auch heute. Die Anerkennung der Nachbarn kompensierte die Unsichtbarkeit in der Küche. Der Gottesdienst war sonntags unterteilt in einen Frühgottesdienst um acht Uhr und einen Spätgottesdienst um zehn Uhr. Der Frühgottesdienst „erlaubte" den Frauen früher zurück im Haus zu sein, um zu kochen. In diesen drei Stunden wurden Suppe mit Einlage, Hauptspeise mit Beilagen und Nachtisch mit Zulage erstellt. Großmutter machte den Teig für die Suppennudeln selbst. Sie schnitt den Teig mit dem Messer in dünne Nudeln. Die Männer gingen um zehn zur Messe und frühschoppten bis zwölf und kamen zum fertigen Mittagstisch. Auf ihm war alles einfach und einfach gut. Die Rezepte überliefert von Generation zu Generation und heute von Gender zu Gender. Männer begannen zu kochen und helfen ihren Frauen im Haus. Wir wurden richtige Männer.

Der Kaminofen in unserer Küche ähnelte dem Tabernakel am Altar. Zwei Eisentüren, geschmückt, geschmiedet und glänzend. In ihm die göttlichen Bučnjaki, dünn wie Hostien. Oder Speck, geräuchert, pannonischer Prosciutto. Wir hatten nicht viel in der Küche. Tisch,

Sessel, Herd, Radio von Minerva, ein Gotteskreuz, später einen Eiskasten und eine Kredenz mit einem riesigen Brotkasten. Dort kam der Zwei-Kilo-Brotlaib hinein. Schön war es, wenn alle da waren. Als meine Frau in Mutters Leben trat und ich mein Studium endlich abschloss, beschloss Mutter mit ihrem Ersparten das Haus neu bauen zu lassen. Der Bagger kam und das alte Bauernhaus wurde abgetragen. Die Mauern waren noch aus Lehm und Stroh. Das Haus verschwand und mit ihm das Geheimlabor für Bučnjaki. Der Bauplan für das neue Haus war ein Kompromiss, ein Kompromiss zwischen Mutter und uns Jungen. Der Kompromiss war, das Haus neu zu bauen – aber genauso wie das alte gebaut war. Langform, großes Tor, drei Säulen, überdeckte Stria – der überdeckte Hofgang. Und der alte Brunnen blieb.

Der Brunnen stand nicht immer dort. Die Großeltern ließen ihn neu bohren. Der frühere Brunnen war in die Straßenmauer integriert. So konnten Nachbarn von der Gasse Wasser schöpfen und wir vom Innenhof. Das Brunnenfenster ließ den Hof zur Straße öffnen. Für Mutter und Onkel erschloss sich großer Spaß. Sie öffneten das Fenster und pflegten über den Brunnen zu springen. Anlauf im Garten, Sprung in die Höhe, Landung auf der Gasse. Über einen tiefen Brunnen. Schon damals viele Schutzengel. Mutter gab kein braves Kind. Die Großeltern ließen einen neuen Brunnen bohren.

Das neue Haus steht nun neben dem Brunnen. Und auf dem alten Keller. Im Keller lagerten früher Weinfässer. Große. Wir hatten zwei kleine Weingärten mit viel Arbeit. Auch von mir. Va Gori. Mit der Harke wurde Unkraut zwischen den Reben abgescharrt. Anschließend spritzte Großvater alles was BASF oder Hoechst hergab auf die Reben. Biologisch war noch nicht. Die Kommassierung nahm uns die Weingärten.

Der Wein wurde selbst gemacht. Er schmeckte auch so. Der Keller war für uns Kinder tabu in der Gärzeit und alle warteten gespannt, wenn Großvater kosten ging. Auf der Stria, am Hofgang, stand ein großes Fass mit gepressten Trauben. Beim Vorbeigehen drückten wir ein Sieb in die Trauben und der Traubensaft quoll hoch in ein Glas zum Trinken. Wir gingen oft zum Fass. Und später zum Sturm.

Trauben kamen auch nach Wien. In einem braunen Koffer, mit Zeitungspapier ausgelegt. Wunderbare Trauben. Aus Platzgründen schlichteten wir sie oben auf die Kleiderkästen bei meinem Bett. Kostprobe vor dem Schlafengehen.

Das neue Haus wurde perfekt mit dem alten Keller vereint. Inge, meine Frau, modellierte den Kamin und den neuen Garten. Mutters Erspartes reichte für das ganze Haus. Es wurde wunderschön. Mutter war zufrieden und übersiedelte nach Nikitsch. Allerdings nur kurz, denn sie war nicht das ganze Jahr lustig. Vor allem im Winter nicht. Das Spielen der Lustigkeit während der trüben Zeit wurde ihr zu anstrengend. Im Winter wohnte sie wieder in Wien, im Sommer bei Sonne in Nikitsch, na Fileži.

Werner war unser Freund. Er war der Architekt. Unser künftiges Haus war sein erstes Haus. Das Haus strahlt in Weiß mit großem blauem Tor in eleganten Linien. Eine Brise Griechenland. Die Baumeisterin kritisierte das Weiß des Hauses, denn ein kroatisches Haus muss bunt sein. Kräftige Farben, wie das Temperament. „Weiß sind die Häuser in den deutsch-sprachigen Dörfern, nicht in den kroatischen!" Unser Architekt verteidigte sich, er habe in den burgenländischen Dörfern viele Häuser studiert. Es waren halt deutsch-sprachige Dörfer. So haben wir nun ein deutsch-sprachiges Haus in einem kroatisch-sprachigen Dorf.

Einweihung des Hauses war mit Sommerbeginn. Die Gasse laut und lustig wie immer. Die Nachbarn Iwan und Rudi pflanzten einen Maibaum zu Ehren der Baufrau. Es kamen Nachbarn, Familie, Cousins und Cousinen, Freunde, es kam unsere Wohngemeinschaft aus Wien, unser Stammtisch vom Gasthaus Grünauer, Kolleginnen und Kollegen meiner Uniklinik, Stefan Weber von Drahdiwaberl und meine Band Bolschoi Beat. Es war was los. Mutter erfreute mit ihrem sehr guten Gulasch. Cousine Renate spielte Harry Belafonte. Sie war aktiv in der Anti-Apartheid-Bewegung und Harry ihr Hero. Später war ich Harry Belafontes Chauffeur, beim Wiener Friedenskonzert, in dessen Organisationsteam meine Frau und ich mithalfen. Ich fuhr ihn, seine Frau und eine Senatorin der USA mit unserem Lada aus der Sowjetunion zu Alfred Hrdlicka ins Atelier. Belafontes Wunsch war, Hrdlickas Pasolini-Skulpturen zu sehen. Alfred erklärte und brachte drei Flaschen Wodka Stolnitschnaya. Nach einer Stunde waren die Flaschen geleert. Alle drei. Ich fuhr Harry Belafonte ins Hotel zurück. Nüchtern.

Das Friedenskonzert glänzte voller Sterne: Heller, Ambros, Belafonte, Schönherr und … das kroatische Tamburizza-Ensemble aus Siegendorf. Die Stadthalle hallte kroatisch. Ich war so stolz! WIR waren bei der besten Sache der Welt ganz vorne mit dabei. Tamburizza war weit weg von mir und doch so nah. Ich erlebte meine Volksgruppe immer mit Stolz, besonders wo sie gegen Rassismus, Faschismus oder Wettrüsten aufstand. Meine Mutter weinte Tränen, als sie Willi Resetarits mit seiner Mutter das Lied „Lipo ti je čuti!" – „Schön ist es von Dir zu hören!" – am Heldenplatz gegen die Schüssel-Haider-Regierung singen sah und hörte. Ich mit ihr.

Am Abend der Hausweihe war Eurovision-Song-Contest. Wir bauten ein riesiges U aus Tischen im Garten vor unserem großen Nussbaum. Das Schwarz-Weiß-Gerät war ziemlich klein. Kommentiert wurde, was sichtbar und hörbar war. Hinter uns die Nachbarn, unsere Bäuerinnen und Bauern, sie beobachteten freundlich die eigenartige Jugend. Es war ein schöner Abend. Am nächsten Morgen

stand Stefan auf und ging die Treppe im neuen Haus hinunter. Unten wartete meine Mutter mit einem Tablett und 40 Gläsern Slibowitz: „Trinkens, Herr Professor!" Ablehnen geht nicht. House Warming auf Kroatisch.

Ein Haus zu bauen ist schwer. Vor allem für die Bauarbeiter. Bauarbeit macht Durst. Und sie löschten den Durst traditionell. Leider übersahen sie die schiefe Grundstückslinie und bauten die Mauer gerade. So entstand ein Spalt zu Tante Marga und Onkel Johni ins Nachbarhaus. Der Spalt blieb offen und es bildete sich reger Querverkehr zwischen den Gärten. Es ging halt nicht leise. Onkel Johni war ein Lustiger. Er liebte meine Mutter. Und er liebte die Getränke. Und mit Stefan Weber lief der Schmäh die Kehle runter. Stand Up im Sitzen.

Stefan liebte Nikitsch und liebte meine Mutter und meine Mutter liebte ihn. Beide wohnten in Margareten und wenn sie sich beim Einkauf trafen, setzten sie sich auf eine Bank. Stefan war auf der Bühne humanistischer Provokateur, musikalischer Ausläufer des Wiener Aktionismus. Abseits der Bühne ein Liebender und Liebenswerter. Er kam gerne mit seiner Frau Ilse nach Nikitsch. Eines Abends rief Nachbar Rudi über die Mauer: *Kommt rüber, ihr müsst das sehen!* Stefan begleitete mich und Rudi und Josef zeigten uns einen zwei Meter langen Wels, gefangen am Tag. Wir erwiderten Eindruck, tauschten Worte, und gingen zurück. Am nächsten Tag winkte mich Nachbar Rudi: *Sag, war das nicht der Stefan Weber von Drahdiwaberl?* Bis heute sprechen mich junge Menschen in Nikitsch auf Drahdiwaberl an. Sie alle erlebten kein einziges Konzert, aber der Mythos lebt. Der Name mit Nachklang bis heute. Er steht für Gutes. Eine Freiheitsstatue. Und Stefan liebte Nikitsch.

Das Haus geht in den Garten. Am Ende des Gartens wuchs ein Naturzaun aus Büschen und Kleinholz ohne Gitter. So trennte sich der Garten zu den Feldern ab. Man konnte aber durch den Naturzaun in unseren Garten treten. Das war sehr selten. Dann wurde ich Facharzt für Psychiatrie. Dann wurde es nicht mehr selten. Die Besuche durch den Gartenzaun mehrten sich. Psychiater waren Mangelware. Psychiater waren noch Tabu. So ging man zur Mutter –

und kam zu mir. Sie kamen zu Mutter mit einem Problem: *Kann der Rudi uns helfen?* „Natürlich kann er. Kommt nur. Er ist eh zu Haus!" Es war okay, aber das Ende von Freizeit. Mutter genoss ihre neue Wichtigkeit. Meine Mutter versuchte sich auch als Ärztin. Eines Tages bemerkte ich, wie sie Freundinnen Tranquilizer mitgab. „Sag was tust du? Gibst du Medikamente weiter?" „Ich bin die Mutter eines Arztes. Ich darf das!"

Meine Mutter hatte meine Frau ins Herz geschlossen. Von Beginn an. Umgekehrt auch. Und die Nachbarinnen mochten und mögen meine Frau auch. Umgekehrt auch. In der kroatischen Gemeinde wird fehlende Eitelkeit hoch angerechnet. „So gscheit, und überhaupt nicht eingebildet!" Wir sind stolz, aber nicht eitel. Zumindest die meisten in unserem Dorf. Und so wurde Inge von Anfang an eine der ihren.

Gut, kulturelle Unterschiede gab es. Die Nachbarinnen waren Bäuerinnen. Viel körperliche Arbeit. Meist ein Werkzeug in der Hand. Oder ein Haustier. Oder eine Maschine. Sichtbar, wenn gearbeitet wird. Aber Inge saß vor so einem „Fernseher". Fernsehen war Freizeit und keine Arbeit. Daher wurde sofort mit ihr getratscht. Erst später wurde der Bildschirm als Computer verstanden und das Sitzen vor ihm auch als eine Arbeit anerkannt. Inge war froh. Multiethnic Workplace.

Unsere Gasse blieb laut und lustig. Ganz vorne im Leben Tante Bözsi. Bözsi ist ungarisch und Koseform von „Elisabeth". Tante Bözsi hieß Kelemen, auch der Nachname war „ungarisch". Das Burgenland ist kroatisch, ungarisch, romanes, deutsch. Ganz wenig noch jiddisch. Wir sind vieles. Und Tante Bözsi hieß Kelemen, weil sie Onkel Stefan geheiratet hat.

Tante Bözsi war eine frühe Feministin. Zumindest für mich. Sie rauchte. Viel. Mit einem langen Zigarettenspitz. Oft filterlos. Oft Fečke. Fečke ist ungarisch und heißt „Schwalbe". Tante Bözsi erhielt Fečke-Zigaretten von ihren kroatischen Verwandten auf der ungarischen Seite des Eisernen Vorhangs. Wenn sie auf Besuch durften. Sie kamen immer öfter. Später revanchierten wir uns und stürmten Sopron und seine Restaurants. Den Gasthäusern im Ort blieben nur mehr Hochzeiten und Begräbnisse. Von vieren blieb eines, im Nachbarort keines mehr.

Tante Bözsi benahm sich extravagant. Sie war großzügig und lustig, redete offen über Sex, stritt mit ihrem Mann laut und ging nie in die Kirche. Niemand nahm ihr das böse, obwohl alle in die Kirche gingen. Oft mehrmals am Tag. Tante Bözsi betete auch nicht. Zumindest nach außen. Meine Familie betete zwischen zwei und vier Stunden täglich. Sie wurde von meiner Mutter und meinen Tanten geliebt. Ihr Mann Stefan war Kantor der Kirche. Irgendwann sprach sie kein Wort mehr mit ihrem Mann. Sie bügelte und kochte für ihn. Aber sie redete nicht mit ihm. Irgendwann hat er sich mit irgendetwas irgendwie verscherzt. Zu meiner Promotion gratulierte Tante Bözsi nicht mir, sondern meiner Mutter. „Ich freue mich mit dir!! Denn allein du hast ihm die Möglichkeit zum Studium gegeben." Nikitsch lebt von starken Frauen.

Tante Bözsi liebte wie meine Mutter die Lautstärke. Auch wenn sie gegenüber standen, sprachen sie sehr laut. Auch in der Hoffnung, dass sie so mehr werden. Vor allem lachten sie sehr laut. Am Fenster schrie meine Mutter meist zu Tante Bözsi rein, denn das Tonbandgerät spielte Musik. Laut. Meist Roy Black. Tante Bözsi liebte Roy Black. Viele Frauen in unserer Gasse liebten Roy Black. Um Roy Black dauernd zu hören, kaufte Tante Bözsi ein Tonband der Marke Stuzzi. Das erste Tonbandgerät weit und breit. Im Sommer bei Sonne und offenem Fenster für die ganze Gasse: Roy Black. Und die Frauen sangen Fenster putzend: „Ganz in Weiß". Ein Traktor knatterte in die weiche Stimme von Roy. Es war ein schöner Sommer. Um Roy Black aufzunehmen bedurfte es eines Fernsehers. Tante Bözsi kaufte den ersten Fernseher weit und breit. Wir durften nachmittags zu Tante Bözsi fernsehen. Wir flogen mit Raumschiff Orion zu Eva Pflug und im Cabrio zu Emma Peel. Manchmal durften wir auch abends. Wenn der „Goldene Schuss" kam und Roy Black zu singen begann, zischte Tante „Psssscht!" und Tochter Elisabeth stellte sich mit dem Mikrofon vor den Lautsprecher des Fernsehers. Sie drückte zwei Knöpfe an der Stuzzi-Maschine und hielt den Finger vor den Mund. Wir hielten die Luft an.

Meine Cousine stand im Nachthemd mit dem Mikrofon vor dem leuchtenden Bildschirm. Er leuchtete durch ihr Nachthemd. Eine weibliche Silhouette hob sich dunkel ab. Mit einem Kräusel jungem Schamhaar. Ich wurde Roy-Black-Fan. Meine Cousine setzte sich wieder neben mich und meine Hand suchte unters Nachthemd. Leider nur kurz.

Tante Bözsi war sehr eng auch mit Tante Mitzi, unsere andere Nachbarin und Tante zweiten oder dritten Grades. Tante Mitzi war Gesellschaftsdame bei einer Wiener Familie. Sie war keine Bäuerin und ihr Haus wirkte sehr elegant und schön. Sie hatte eine Chaiselongue. Sie schrieb seitenlang Gedichte mit Reimen, die wir uns gegenseitig vorlasen. Wir bewunderten die Reime und rätselten, wie man reimt! Die Reime waren auf Deutsch. Sie nahm Tante Bözsi manchmal die Illustrierte „Sexy" nach Nikitsch mit. Tante Mitzi war siebzig Jahre jung.

Tante Mitzi und ihre Schwester Tante Rosina bewohnten zusammen das Nachbarhaus. Ende der Zwanziger-, Anfang der Dreißigerjahre vermieteten sie das Haus im Sommer an eine Familie aus Wien. An eine Arztfamilie als Sommerfrische. Es war eine jüdische Familie mit etwas Vermögen und viel Eleganz. Sie blieben die Sommermonate. Meine Mutter war drei Jahre alt. Während meine Großeltern mit den Kühen aufs Feld fuhren, beschenkte und kleidete die Familie aus Wien meine Mutter neu ein. Mit entzückenden Kleidungsstücken. Als meine Großeltern mit den Kühen nach Hause kamen, wartete meine Mutter herausgeputzt vor dem Haus. Die Großeltern erkannten ihre Tochter nicht. 1937 endete die Sommerfrische.

1995 gründete ich in den Spitälern Wiens die Initiative „Der Mensch zuerst – Spitalspersonal gegen Ausländerfeindlichkeit". Als Prävention gegen Rassismus, diesmal aufgeflammt als FPÖ. In unseren Krankenhäusern arbeiten Menschen aus hundert Nationen zum Wohl der Menschen zusammen. Sie brauchen gute Lebens- und Arbeitsbedingungen, um das Beste geben zu können. Rassistische Giftpfeile vergifteten im Krankenhaus. Schwester Duši kam aus Belgrad an die Neurologie im neuen AKH. Duši war kompetent und sehr nett, auch zu mir. Sie umsorgte liebenswürdig eine alte Patientin. Die wiederum liebenswürdig zu Duši: „Gell Duši, wir haben zu viele Ausländer in Wien." Die FPÖ sorgte für viele Wunden. Das Krankenhaus wurde nun öfters zu einem kränkenden Haus. Das wollte ich ändern. Wir organisierten eine Konferenz-Serie mit dem Titel „Multiethnic Workplace" über Arbeit, Gleichberechtigung und Integration in bunten Belegschaften: „Arbeit zusammen leben!" Auf Empfehlung des Vizerektors der Wirtschaftsuniversität luden wir zur Konferenz einen Professor der London Metropolitan University ein, Professor Yochanan Altman. Eine international bedeutende Persönlichkeit, Berater großer Unternehmen für integrative Unternehmensentwicklung. Managing Diversity begann es zu heißen. Am Tag vor der Konferenz trafen wir uns zum Abendessen. Es war sehr angenehm und er erzählte, wie sein Großvater vor den Nazis 1938 aus Wien nach London floh. Und nie mehr nach Österreich wollte. Auch sein Vater mied Österreich. Er wurde Gastprofessor an der WU Wien und kam oft.

Ja, und ich kenne Nikitsch! Er hat meinen Lebenslauf gelesen. Dort stand Nikitsch als meine Herkunft. *Das kann nicht sein!* Ich glaubte das nicht und dachte an eine Verwechslung. Ich antwortete: *Nein, das glaub ich nicht, dass Sie Nikitsch kennen. Das ist vermutlich eine Verwechslung.* „Nein, nein, es ist kein Irrtum. Ich kenne Nikitsch." Die Menschen, die meine Mutter als kleines Mädchen so hübsch ankleideten, waren seine Großeltern, die Sommerfrischler aus Wien. Sie brachten jedes Jahr Geschenke mit, Puppen für Mutter und Bälle für ihren Bruder, meinen Onkel.

Nikitsch ist der deutsche Name meines Dorfes. Auf Kroatisch heißt es Filež. Filež wiederum ist aber eigentlich Ungarisch. So ist Burgenland. Grenzregionen waren grenzenlos und sind grenzenlos gemischt. Unser Tanz- und Tamburizza-Ensemble nennt sich „Graničari", „Die Grenzer". Bis 1921 gehörte Niktisch zu Ungarn. Beide Großeltern gingen noch in eine ungarische Volksschule. Sie sprachen zuhause oft Ungarisch. Vor allem, wenn ich etwas nicht verstehen sollte.

Meine Mutter konnte noch etwas Ungarisch. Sie lernte mir „Szép kislány" – Hübsches Mädchen. Und „Igen" – Ja. Ich konnte sogar einen Dialog auf Ungarisch spielen.

Ich frage mein Gegenüber: *Sprechen Sie Ungarisch?*
Und wenn das Gegenüber antwortet: *Ja.*
Kann ich sagen: *Ich verstehe nicht! Nem tu dom!*
Der Sinn dieses Dialoges erscheint natürlich etwas fragwürdig.
Und Mutter lehrte mich das Wort „Irkototto" – Federpenal. Ich
habe oft in Ungarn mit meinen Sprachkenntnissen geglänzt und
„Irkototto" als Ass ins Gespräch geworfen. Jedoch niemand in Ungarn
kannte das Wort. Sie verneinten dessen Existenz. Aber eines Tages
fand ich in einem Soproner Schaufenster ein Federpenal aus Holz
mit dem eingebrannten Wort „Irkototto". Mutter ging zu einer Zeit
zur Schule, wo Federpenale noch aus Holz gemacht wurden. Zu
einer Zeit, als Krieg war.
Bei den ersten Besuchen in ungarischen Dörfern faszinierte mich
die Ähnlichkeit zum Nikitsch meiner Kindheit. Die Wassergräben
links und rechts der Straße. Keine Gehsteige. Ebenerdige Häuser.
Und viele Gänse. Ich fühlte mich so sehr zuhause zurück, dass ich
nach zwei Jahren meinen Reisepass wechseln musste, weil er voll-
gestempelt war. Voll mit ungarischen Stempeln.
Meine Großeltern sprachen oft Ungarisch. Und sangen oft Ungarisch.
Mein Großvater gerne mit seinen älteren Herren am Sonntag im Gasthaus. Mit Spielkarten und Hut. Mit einem Glas Wein stundenlang. Sie
sangen und spielten gleichzeitig. Als ich in einem Pionierlager der
DDR das ungarische Volkslied „Az a szep" kennenlernte und es zuhause auf Ungarisch nachsang, strahlte meine Großmutter: „Jetzt
singt er auch ein kroatisches Lied!"
Wir sprachen in meiner Kindheit zuhause nur Kroatisch. Mit
Deutsch taten sich damals alle noch schwer. Ich kannte und konnte
daher kein Deutsch. Als ich mit fast vier Jahren nach Wien in den
Kindergarten kam, sprach ich kein Wort Deutsch. Es war ein katholi-
scher Kindergarten und ich weinte zwei Wochen. Dann nahm mich
meine Mutter aus dem Kindergarten. Wochentags brachte sie mich
zu einer Frau aus Nikitsch in den dritten Bezirk. Dorthin wurden auch
Kinder von anderen kroatischen Müttern gebracht. Vor Arbeitsbeginn.
Wir erlebten die Wiener als eine Parallelgesellschaft. Das Gute:
Parallelen kommen sich nie in die Quere. Nach einem Jahr sprach

ich Deutsch. Ich habe Mutter oft gefragt: *Woher konnte ich auf einmal Deutsch?* Sie erklärte: *Ich weiß es auch nicht, du konntest auf einmal Deutsch!* So geht Entwicklung.

Auch unser Sohn ging in den Kindergarten, früh und freudig. Und zufällig stammte seine Erzieherin aus Frankenau. Ein burgenländisch-kroatisches Dorf nahe bei Nikitsch. Auch sie war Kroatin. Als wir sie am Frankenauer Kirtag trafen, stellte sie uns ihren Eltern vor. Ihr Vater wollte das. Er wollte nur sagen, dass er meine Mutter sehr gut kannte.

Vielleicht lag mein plötzliches Deutsch am neuen Kindergarten, der den „Kinderfreunden" gehörte. „Kinderfreunde" klang vielversprechend. In diesem Kindergarten war ich gern und mit anderen. Meinen Haarschnitt erledigte mein Onkel in Nikitsch. Er war Bauarbeiter und freiberuflich Laien-Friseur. Mehr Laie als Friseur. Auch mein Großvater war Laien-Friseur. Großvater war spezialisiert auf alte Herren, mein Onkel auf die älteren. Und auf mich. Die alten Herren kamen zum Haarschnitt zu unserem Bauernhof. Nicht, dass es viel zu schneiden gab, aber viel zu reden. Ein Sessel wurde in den Hof gestellt, ein Handtuch umgewickelt. Kamm, Schere, Schnitt. Kreisrund oder steilrauf. Wenn mir Onkel die Haare schnitt, wunderten sich die Hausbewohner in Wien. Als Kind war ich nicht eitel. Nur einmal war es unangenehm. Ich kam mit Onkels frischem Haarschnitt in den Kindergarten und Tante Emmi rief entsetzt: „Um Gottes Willen, Rudi, was haben sie mit dir gemacht?" Heute tragen viele Jungs eine solche Frisur.

Mit dem Älterwerden erkannte ich, wie wertvoll Haare sein konnten und begann sie zu verteidigen. Jedes Mal sagte ich beim Friseur: *Bitte nur wenig abschneiden!* Die Zeit der Beatles. *Bitte nur wenig!* Und jedes Mal war ich kurzgeschoren. Ich entwickelte eine schwere Aversion gegen Friseure. Erst später erfuhr ich, dass meine Mutter immer vor mir zum Friseur ging und sagte: *Heute kommt mein Sohn, bitte schneiden sie ihn kurz!* Zwanzig Jahre später, bei der Friseurin meines Vertrauens, wieder: *Bitte nur wenig abschneiden.* Wieder wurde es viel. Erst später erfuhr ich, dass meine Frau letztes Mal beim Friseur …

Meine Haare wuchsen mit den Jahren der Pubertät bis zum Bund meiner Jeans. Ich trug sie sehr stolz und sehr lang. Meine Mutter hat das irgendwann akzeptiert. Ich glaub, es hat ihr gefallen, denn viel Jugend hatte sie nicht. Auch meine Großeltern haben das akzeptiert. Mittelschweren Herzens, aber Enkel war Engel soundso. Die Leute in der Gasse haben das akzeptiert. Nie wurden wir Langhaarigen in unseren kroatischen Dörfern angepöbelt. Nie Lokalverbot oder Androhung eines kleinen Hitler. Der Wert der Jugend war hoch. Wir hatten eine bessere Welt.

Mit achtzehn fuhren wir mit Interrail durch Europa – bis Ceuta in Nordafrika. Einzig um den Satz zu sagen: „Wir waren in Afrika!" Um diesen Satz sagen zu können fuhren wir tausende Kilometer und blieben drei Stunden dort. Das Geld wurde knapp und die Heimreise notwendig. Durch Europa nach Deutschkreutz. Am Bahnhof geldlos. Der Postbusfahrer nahm mich trotzdem mit und ließ mich vor unserem Haus aussteigen. Wie jeden Abend waren alle Nachbarn vor unserem Haus. Ich stieg aus, es war eher dunkel. Lange Haare, Jean, braungebrannt und ein marokkanisches Kaftan-Hemd mit Rucksack und Zelt am Rücken. Niemand erkannte mich. Erschreckt schauten alle auf den fremden Wilden. Erst langsam dämmerte meiner Mutter: *Mein Sohn!* Und nach dem ersten Schock kamen Freude, Lautstärke und Umarmungen zurück. Das abendliche Treffen vor unserem Haus war jahrelang. Grundmodul war eine „Bank". Sie bestand aus zwei Ytong-Betonbauziegel und einem Holz-Balken aus einem alten Haus. Platz für drei Personen. Der Rest kam mit Sesseln. Abends versammelten sich der Lehrer, die Bäuerinnen und die Weana, die Kinder mit Federball und Fahrrad. Mein Großvater Jandre und Lehrer Stefan waren die Intellektuellen der Gasse. Der eine Bauer, der andere ehemaliger Priester und später Lehrer aus Liebe zu seiner Frau. Großvater und Lehrer waren die Politischen. Große Gespräche über Geschichte und die Welt. Humanistische Gespräche. Lehrer Stefan half verfolgten Menschen in der Nazi-Zeit am Leben zu bleiben. Versteckt in Nächten und Wäldern. Im Morgengrauen fuhren

Großvater und Mutter mit den Kühen aufs Feld. Lehrer Stefan kam aus dem Wald, sie grüßten sich und wussten, warum.

Alltag, Mode oder Tratsch waren Themen aller anderen am Abend. Meistens sehr lustig. Onkel Johni lehrte uns, erfolgreich Gelsen zu erschlagen. Er ließ die Gelse auf seinen Arm, ließ sie zustechen und wartete bis das Saugen begann. Und dann: Patsch. Aus Maus. Wir bewunderten Onkel Johni für seinen Juckreiz.

Wir Kinder kamen aus den Häusern rundherum. Wir spielten Federball oder Fußball oder kreisten elegant mit dem Rad. Alles auf der Straße. Wenn ein Traktor kam, gingen wir zur Seite. Wenn ein Mähdrescher kam, gingen wir zur Seite und kreischten „Ognjini". Die „Feurigen", die Feuerwerfenden. Mähdrescher waren neu. Und sie waren groß. So groß wie die meisten Häuser. In der Nacht leuchteten viele Scheinwerfer und Lichter und Blinker auf ihnen. Fahrende Christbäume, mobiles Feuerwerk.

Einmal gingen wir Kinder abends auf der Hauptstraße am Gemeindestall vorbei, dieser stand mitten im Ort. Wir schauten über die Mauer und sahen Kühen zu, wie sie aufeinander sprangen. Unförmig und lustig zugleich. Wir dachten, sie turnen. Wir wussten nichts von Zucht und Stier und Tier. Es war faszinierend diese Riesenviecher sich aufeinandertürmen zu sehen. Wie im Zirkus. Wir gingen weiter und kamen zu unseren Leuten vor dem Haus. *No, wo ward ihr? – Wir waren beim Gemeindehaus und sahen den Kühen beim Turnen zu.* Langes lautes Gelächter. So geht Aufklärung.

Dorfbrand

Erntedank

Fortgang

Meine Großeltern genossen hohes Ansehen in der Gasse, auch im Dorf. Sie waren die letzte Bauernfamilie, die mit Kühen aufs Feld zog. Kein Traktor. Die Kinder wollten nicht Bauern werden. Als sie die Landwirtschaft beendeten, schrieb die kroatische Zeitung als Titelzeile: „Die letzten Kühebauern kehren heim!" „Kravari idedu domuon!" Eine rührende Verabschiedung, geschrieben von Lehrer Stefan.

Die Ehe meiner Großeltern begann nicht als Liebesheirat, sondern wurde arrangiert, wie fast alle anderen Ehen. Die Hoffnung für diese jungen Menschen war, dass es gut werden möge. Die Hoffnung für die jungen Bräute war, dass er nett sein möge. Bei meinen Großeltern wurde es gut, Großmutter schenkte drei Kindern das Leben und Großvater lebte immer mit Respekt zu ihr. Ich sah sie immer als Liebende, erst später erfuhr ich vom Arrangement.

Ein einziges Mal erlebte ich einen bösen Streit, verursacht von gebrochenen Zwetschkenbäumen im Garten. Großvater behauptete in einem Nebensatz, wir Kinder hätten die zwei Bäumchen beim Spielen gebrochen. Ich war es nicht. Und Mutter, wie immer stolz auf mich, war sehr beleidigt. Sie packte einen Koffer, nahm mich an der Hand und zurück nach Wien. Mutter ging mit mir zur Bushaltestelle, entschlossen abzureisen. Sonnentag. Als wir warteten, sahen wir Großvater kommen. Er entschuldigte sich bei seiner Tochter für den Vorwurf. Für seine Generation eine Großtat. Wir blieben.

Der Garten mit den Zwetschkenbäumen lag hinter einem riesigen Strohhaufen, aufgehäuft am Dreschtag und abgetragen an allen anderen. Zu den Kühen oder Schweinen. Die Mähdrescher lösten das Dreschen im Haus ab. Dreschen im Haus war ein toller Tag. Für uns Kinder. Für die Erwachsenen ein Tag großer Arbeit. Anstrengend und gefährlich, da meist in praller Sonne und alles mit viel Druck. In der Früh fuhr der Traktor mit der Dreschmaschine auf den Hof. Ein Keilriemen verband tuckernd die beiden. Die zuvor geernteten Getreideballen wurden aufgeschnitten und die Halme fielen in die Dresche. Die Körner kamen seitwärts in Mehlsäcke und rückwärts die Ballen aus Stroh. Diese wurde dann zu einem das Haus überragenden Strohhaufen gestapelt, von Männern über mehrere Stockwerke. Die Körner kamen auf den Dachboden, zum Trocknen des Getreides. Je trockener, umso besser der Preis. Die Ernte monatelanger schwerer Arbeit. Wir Kinder „badeten" gerne in dem Körner-Meer am Dachboden.

Gefährlich waren nicht nur die Höhe und Hitze, auch die Brandgefahr zwischen Maschinen, Zigaretten und frischem Stroh. Achtsamkeit war geboten. Es war ein heißer Augusttag in den Sechzigern und überraschend hörten wir Feuerwehrautos durch Nikitsch fahren. Mit Horn und Licht und allem. Wir rannten auf die Straße, weil sowas nie vorkam. Gegenüber unserem Haus öffnete eine Baulücke den Blick zum Nachbarort Kroatisch Minihof und wir sahen Minihof eingehüllt in eine riesige Rauchwolke, der Kirchenturm verdeckt. Minihof stand unter Feuer. Ich war zehn. Ich hielt einen wildfremden Traktorfahrer an und bat ihn, mich mitzunehmen. Wir fuhren in Minihof ein. Die Luft braungelb. Brandgeruch, Lärm, Kühe irrten herum, ein weißer Schimmel schemenhaft. Die weiße Kirche bernsteingelb verdunkelt. Leute rannten mit Kübeln. Ein später Hieronymus Bosch.

Eine Familie hatte Dreschtag. Zu Mittag setzten sie sich zusammen. Die Sonne ließ die Maschinen heiß ... irgendwo ein Strohhalm ... Flammen. Zwölf Scheunen in einer Reihe brannten mit frischem Stroh.

Im Jahr darauf folgten wieder Brände. Erntezeit. Diesmal in Nikitsch, an die fünf. Alle paar Tage eine Scheune. Gelegte Brände. Ein Erntehelfer, nicht gesegnet von der Natur, half am Dreschtag. In mehreren Häusern. Er wollte der jeweiligen Tochter des Hauses gefallen, wo er beim Dreschen half. Er machte ihr Avancen. Aber wenn sie ablehnte, rächte er sich nachts mit Feuerlegung. Dann, wir alle im Nachthemd oder Pyjama, auf die Straße. Glutroter Spiegel am Himmel, unheimliche Stimmung. Wer sind die Nächsten? Auch bei uns half der Erntehelfer. Die Töchter des Hauses, Mutter und Tante, waren am Dreschtag in Wien. Unsere Scheune brannte nicht.

Die Tageszeitung „Kurier" titelte nach seiner Verhaftung: „Der Feuerteufel von Nikitsch". Groß und fett, mit einem unschönen Foto des Erntehelfers. Sein Familienname war wie der Mädchenname meiner Mutter. Er war ihr Cousin zweiten oder dritten Grades. Die neugierige Nachbarin in Wien klopfte mit „Kurier" und Sensationslust an Mutters Tür: „Sind Sie mit dem verwandt? Sie haben ja auch Domnanovich geheißen." Meine Mutter: „Nein, den kenne ich überhaupt nicht!"

Auf alle Fälle sammeln sich an einem Dreschtag viele Leute am Hof. Viele helfen. Auch Nachbarn. Die Männer stapeln, die Frauen kochen und umsorgen. Kinder holen das Brot. Einen Zwei-Kilo-Brotlaib, weil viele. Enziankäse, Knackwurscht, Schmalz und Speck, vielleicht Gulasch. Auf alle Fälle Bier und Ke-Li. Ein schöner Tag. Ein Feiertag monatelanger Arbeit.

Kroatisch sprechen macht noch kein kroatisches Dorf. Da sind noch Lautstärke, Lachen und die Lust aufs Singen, der Witz, die Herzlichkeit, die Neugier. Offenheit aufs Neue. Offenheit fürs Neue. Beim Aufweichen des Eisernen Vorhangs kamen Menschen von weit her nach Nikitsch. Täglich aus anderen Erdteilen. Abends kamen Menschen aus Pakistan und klopften bei Frau Kirchknopf an. Am Mittwoch stand eine Familie aus Bangladesh mit Koffern vor der Kirche. Und am Donnerstag bogen 40 Männer aus Afrika in die Holdegasse und trafen auf Walter. Walter sagte: *Folgt mir!* Und sie folgten ihm zum Gasthaus Divos und bekamen zu essen. Am Morgen wurden sie nach Wien gefahren. Damals. 1990.

Nie ein böses Wort, keine Bürgerwehr, ganz wenig FPÖ. Dafür Neugier. Vielleicht auch, weil eine Jahrzehnte tote Grenze nun lebendig wurde. Vielleicht auch, weil unsere Ahnen vor 500 Jahren von weit gekommen sind. Vielleicht auch, weil Hunderttausend aus dem Burgenland in die Welt fuhren. Aus Armut in die Hoffnung.

Stefan Karazman, vermutlich mein Ur-Ur-Großvater, wanderte als Erster von Nikitsch in die USA aus, nach Southbend bei Chicago. Southbend wurde später Arbeitsgebiet eines jungen Sozialarbeiters. Sein Name – Barack Obama. Eine Minihofer Gasse heißt Sodbent und erinnert an viele nach Southbend Gegangene. Die Hoffnung wies nach USA, Kanada, Australien, Südamerika oder Wien. Migration als eine kroatische Daseins-Form.

Migration ist ein hartes Los. Auch nach Wien. Verlassen ist schwer und ankommen schwerer, hier gehts nicht mehr und dort … gehts noch lange nicht. Alles fremd und unbekannt. Verirrungen und Fehler fallen leicht und schwer auf den Kopf. Wir kommen von außen als Außenseiter. Wir sind verwundbarer, weil einfacher anzugreifen. Wir erarbeiten uns in die noch fremde Gesellschaft. Die Arbeit als Nabelschnur zur neuen Welt, ein einziges Standbein dort. Nur keine Fehler, nur keine Müdigkeit, nur keine Forderungen. Besser sein, um als Gleiche zu gelten.

Als die Menschen aus der DDR über Ungarn nach Österreich kamen, nach Nikitsch und Deutschkreutz, tat Johann ihre Armut leid. Er wollte helfen. Johann war Leiter der Raika-Filiale in Nikitsch und Klassenkamerad meiner Mutter. Auch er ein lustiger Mensch. Er öffnete am Sonntag die Raika-Filiale und alle Flüchtenden erhielten 200 Schilling. Nach Zustimmung seines Vorgesetzten, Wolfgang vom Weingut Igler.

Und 2015 kam dann die Welt. Zu uns, durch uns und weiter. Einige blieben. Eine Familie aus Syrien kam nach Großwarasdorf und von dort nach Nikitsch und blieb bei Ivica und Anica im Haus. Unser Sohn unterstützte als Rotkreuz-Fahrer in den Flüchtlingslagern. Eines Nachts musste er mit dem Rettungsauto in Nickelsdorf geflüchtete Eltern von Quartier zu Quartier fahren, weil sie ihre Kinder auf der Flucht verloren hatten. Er selbst gerade noch Kind.

Meine Frau bewundert die große Hilfsbereitschaft der Menschen in Nikitsch und Umgebung, aus unseren kroatisch- wie deutschsprechenden Orten. Viele Hilfsprojekte leben, vorrangig für Afrika. Jakob half Brunnen bauen, Vinzenz lehrte Maschinen bedienen, Werner und Lisbeth sammeln für Schulen, Irmis und

Bertls Kinder nahmen eine syrische Familie auf. Und manchmal tragen sogar Golf-Benefiz-Spiele Schulmaterial nach Äthiopien. Live Aid im Burgenland.

Erwartungen sind Erwartungsräume anderen gegenüber. Je größer die Erwartungsräume, desto größer können die Erwarteten wachsen. Auch bei Kindern. Je größer die Erwartungsräume Kindern gegenüber, desto früher und größer erwachsen sie. Kinder wurden und werden bei uns mit Freude überschüttet. Auch mit viel Geld. Mutter und Schwiegermutter kamen sich in die Wolle. Meine Mutter schenkte unserem Sohn große Scheine, meine Schwiegermutter aus Wien alte Bleistifte. Sie war Lehrerin. *Kinder soll man nicht so verwöhnen!* Meine Mutter war beleidigt. Unser Sohn liebt beide.

Als Kinder wurden wir getätschelt, geküsst, beschenkt, belächelt, befragt, ob im Laden, am Friedhof oder im Gasthaus: „Rudi, wie gefällt es dir in Nikitsch? Kannst du noch Kroatisch? Hast du schon eine Freundin?" Drei elementare Fragen am Dorf. Unser Sohn wuchs in Wien und Nikitsch auf. Mit Freund David zogen sie als Siebenjährige durch Nikitsch. Kroatisch und Deutsch. Als Achtjährige sammelten sie Unterschriften gegen US-Präsident George Bush. Er wollte Krieg. Sie wollten ihn nicht mehr. Viele im Dorf unterschrieben und spendeten den einen oder anderen Euro. Sie kauften sich ein Eis. Geld wurde eine gute Erfahrung. Im nächsten Jahr setzten sie ein lila Plüschtier in den Katzenkorb. Sie zogen von Haus zu Haus und sammelten Spenden. Für das lila Plüschtier. Es wurde gespendet. Onkel Karol wollte mehr wissen: *Manderl oder Weiberl?* Die Jungs ratlos. Onkel Karol griff in den Katzenkorb und am Tier herum. Nach einigem Tasten war er sicher: „Manderl!"

Fünfzehn Jahre später treffen sich beide immer noch. Der eine im Beruf, der andere noch im Studium. Der eine am Mähdrescher, der andere Kinderkurse mit Tennisschläger. Beide in der Feuerwehr. Dazwischen Maturaball, Brautentführungen, Volleyballturniere und Kirtage.

Kirtag

Caféhaus

KUGA

Kirtage sind große Feiertage. Wichtig wie Ostern und Weihnachten. Jeder Ort anders und wann anders, je nach Schutzpatron. Für Nikitsch ist es der Heilige Laurentius und der Kirtag heißt daher Lovrinča. Von Lovrenc. In der Familie wurde auf diese Tage gespart, das ganze Jahr. Und dann wurde gefeiert, getanzt und eingeladen. Und Plastikblumen und Teddybären geschossen. Oder auch daneben. Und gesungen wird bis in den frühen Morgen. Die ganze Nacht.

Früher lebten mehr Menschen im Dorf, später arbeiteten viele in Wien, aber zum Kirtag kamen alle zurück. Es wurde freigenommen. Es wurden schöne Kleider gekauft, oder genäht, und es wurde groß gekocht. Die Tage hatten Flair. Ich bin ein Kind des Kirtags. Ich wurde am Kirtag im Weingarten gezeugt. Ich weiß das nicht von meiner Mutter, sondern von meiner Cousine, der eine Freundin erzählt hat, die es wiederum von ihrer Tante wusste, der letztlich meine Mutter „beichtete". Mein Zeugungsort im Weinberg lag an der Kapelle. Ein genetischer Code.

Früher kamen Hunderte „von auswärts" zum Kirtag nach Nikitsch. Es gab mehrere Bühnen mit Musikkapellen. Eine davon mit Onkel Stefan als Glenn Miller. Die Bühnen wurden Zimbe genannt, aus Birkenstämmen und mit Birkenzweigen überdacht. Nicht nachhaltig, aber ökologisch. Davor eine große Tanzfläche. Und rundherum Tische, an denen gefeiert und gesungen wurde. Und oft gerauft. Die jungen Männer entkamen frisch dem Krieg und der Gewalt. Auch Bauernhof ging hart. Tiere wurden geschlagen – und so auch Kinder. Und mancher explodierte am Kirtag, gerne gegen Nachbarorte. Besonders gerne, wenn unsere Frauen soooo angeschaut wurden. So löste mein Vater eine Massenrauferei aus. Er wollte meiner Mutter seine Liebe beweisen. Sie waren noch nicht verheiratet. Meine Mutter nahm ihn trotzdem. Liebe und Hiebe. Als junger Mann musste mein Vater selbst am Kirtag früh heim. Sein Vater forderte elf Uhr. Als Vater später kam, holte der Großvater die Nachbarsmänner und sie prügelten meinen Vater. Sie sperrten ihn drei Tage in den Kuhstall. Als ich das erfuhr, verstand ich vieles. Meine Psychotherapeutin warnte: *Verzeihen kannst du, aber nicht entschuldigen. Sonst trägst du es weiter.*

Ich erlebte nie eine Schlägerei am Kirtag. Sie wurden unmodern. Peace and Love übernahmen. Zum Zeitpunkt des letzten Showdowns am Kirtag war ich mit einem Mädchen. Wir küssten hinter dem Caféhaus, während sich vorne Druck aufbaute. Die Nikitscher Burschen fanden den Ton von drei Wienern unangemessen. Wort um Wort. Burgenländer und Witze. Abschätzig gegen Kroatisch. Der Besitzer des Caféhauses fürchtete um sein Lokal. Er versprach den Niktischern Karaffen voll Bonanza, wenn sie die Wiener gewaltlos ziehen lassen. Bonanza war Cola mit Rotwein. Auf der Straße wurden drei Tische und Bänke aufgestellt und darauf Gläser und Karaffen mit Bonanza. Die Nikitscher setzten sich und tranken, die Wiener schlichen vorbei. Als wir beide nach vorn kamen, waren die Karaffen leer.

Heute ist der Kirtag in Nikitsch wieder ein Magnet. Ein Werk unserer Graničari. Die Tänzerinnen und Tänzer, Sängerinnen und Musiker der Graničari besteigen die Bühne als Leuchtturm unserer Kultur. Hunderte Gäste, Freunde aus Wien. Musik, deren Wurzeln auch im Csardas wie in der Musik der Roma liegen. Manchmal schimmern Goran Bregovic und Balkan Brass hervor und „Ederlezi" heißt dann „Djurdev dan". Auch Gäste spielen, aus Ungarn, Slowakei oder Kroatien. Unvergessen, junge Frauen aus Slawonien. Sie brachten Tamburizza-Punk in Bauernstiefeln wie meine Großmutter. Als Trauzeuge für Angela und Fritz mussten nach der Hochzeit Großmutter und ich vor der Kirche tanzen. Vor den Augen sehr vieler Menschen. Wir tanzten weder Polka noch Walzer, sondern Stiefel. Großmutter strahlte auch damals.

Wochenlang bereitet sich unser Tanz- und Tamburizza-Ensemble auf den Kirtag vor. Stundenlange Show braucht Wochen an Probe. Getanzt und gesungen. Fast alle Jungen im Dorf mit dabei. Und auch Ältere, denn Graničari sind sechzig Jahre alt. Zusammen halt. Kirtag bestand aus gutem Essen, Geldgeschenken, Platzpatronen, Hutschen, Autodrom und Spielzeug. 1968. Ich war dreizehn. Ich durfte erstmals abends ins Caféhaus. Erstmals abends Tanz. Nicht lange und spät, aber immerhin. Es spielte eine Rockband, die erste, die ich live erleben durfte. *Hey Joe* und *I Can't get no satisfaction.* Die doppelte Verneinung rätselt mich bis heute. Musik, verstärkt durch Strom, rhythmische Zuckungen, noch nicht Tanz, aber schon Beat. Ich schwitzte, zog mein Hemd aus und brodelte weiter. Die Erwachsenen um mich lachten. Nicht bös. Ich erlebte mich zum ersten Mal wild. Frei und wild. Die Band hieß The Brew. Aus Großwarasdorf, dem Veliki Borištof. Später nannten sie sich Bruji, was im Kroatischen dasselbe bedeutet wie im Englischen: Brodeln. Ein rebellisches Brodeln bis heute. Ihr Schlachtruf für unsere Welt: *Kuliko smo, tuliko smo! Hrvati smo! Wieviel wir sind, soviel wir sind – Kroaten sind wir!*

Monate vorher krachten Betrunkene in Kärntner Ortstafeln. Die slowenisch-sprechende Jugend und das demokratische Österreich forderten „Člen 7", das Recht laut Artikel 7 des Staatsvertrages auf Muttersprache. Die kroatisch-sprechende Jugend forderte auch. Mit Tamburizza und Traditionen gegen Jahrzehnte der Missachtung. Das kroatische Leben wandelte sich vom Überleben der Eltern in Wien zum Leben der Kinder in ihren Wurzeln. In den kroatischen Dörfern tanzten wir nicht so wild, dafür im Kreis. Im Kolo.

Und plötzlich war der Wurlitzer im Gasthaus Divos unlesbar für mich. Noch im letzten Jahr spuckte der Wurlitzer *Whole Lotta Love* oder *Shalala I love You.* Nun war alle Musik in Serbokroatisch. Oder Kroatisch. Ich verstand nur Spanisch. Und The Brew hießen nun Bruji.

Mit der Pubertät wurde der Kirtag zum Laufsteg. Rote Lackstiefletten mit dunkelroter Samtjacke, weiße Hose mit blauem T-Shirt und großem Ausschnitt. Die Haare, mit Lockenstab und Minipli zu

38

Locken gedreht, fielen bis zur Kreuzung wieder glatt. Ein Hauch von Carnaby Street wehte in den Kirtag. Es war der Sommer von drei wunderhübschen Mädchen. Wunderhübsch und auf Besuch zum Kirtag. Aus Eisenstadt, mit Eltern aus Nikitsch. Ich verliebte mich in alle drei. Ich küsste auch mit allen dreien. Ich erfuhr zu spät, dass sie Schwestern waren. Meine Großherzigkeit fand nicht ungeteilte Zustimmung.

Trotzdem blieb ich in die jüngste, Aurelia, verliebt. Und von da an schrieben wir uns Liebesbriefe wie großes Kino: Kirschblüten, Mond, Sehnsucht, Flehen. Narziss und Vollmund. In Wien überraschte ich beim Nachhause-Kommen meine Mutter mit meinen Freunden, wie sie sich laut die Liebesbriefe Aurelias vorlasen. Laut und lachend. Ich konnte ihnen nicht böse sein. Es war jedenfalls der Kirtag großer Küsse und rosa Hotpants – aus Samt. Beide weich. Im Caféhaus am Fuß des Weinbergs, wo meine Eltern Zeugnis ablegten.

Das Caféhaus gehörte und führte Vince Tomsich, der Bill Graham des Ostens. Vinces Caféhaus löste Beben in der Region um Nikitsch aus. Tanz, Konzerte, Partys. Auch für die Eltern. Ivo Robič kam zum Konzert. Aus Kroatien stammender Schlagerstar. „Mit 17 fängt das Leben erst an." Ketten von Autos reihten sich entlang der Straßen. Hunderte Menschen drängten sich im Garten des Caféhauses, mehrheitlich Frauen in schönen Kleidern, viele selbstgenäht. Auch Mutter und Tante Maritza. Das Caféhaus war glamourös. Ein Swimming Pool im Garten. Säulen auf der Veranda. Lange vor Dynasty und Denver-Clan. Wir waren nur Zaungäste. Die Karten noch ferner Luxus. Dann sagte Mutter zu mir: *Hol uns ein Autogramm.* Sie gaben mir einen gebrauchten Fahrschein der Wiener Linien: *Er soll dir ein Autogramm geben, da drauf.* Ich wusste nicht, was ein Autogramm ist. Ich ging hin: *Bitte ein Autogramm.* Ivo Robič bückte sich und kritzelte auf den Fahrschein. Mutter und Tante freuten sich über einen bekritzelten Fahrschein. Ganz verstand ich nicht.

Peter, der Sohn des Caféhaus-Besitzers, und ich befreundeten uns im Woodstock-Alter. Gleicher Geschmack bei Musik und bei Mädchen. Er einen Lockenkopf wie Herbert Prohaska, ich lange Strähnen wie Johnny Winter. Er und Feri meine besten Freunde. Feri war kurzhaarig. Er ging ins katholische Internat in Mattersburg. Dort durfte nur Jesus lange Haare haben. Mit Peter hörten wir die neue Musik aus England, im Keller des Caféhauses auf einer aufgelassenen Kegelbahn. Plattenspieler und erste Zigaretten. Diesen Sommer brachte ich Platten aus London, gekauft in einem kleinen Musikladen namens „Virgin". Später führte der Besitzer eine Fluglinie und richtete das Begräbnis von Lady Diana aus. Es war ein tolles Plattengeschäft. Ich kaufte dort viele LPs im Rahmen der Interrail-Reise nach Afrika. Die LPs kamen in den Rucksack und auf dem Weg nach Afrika kam der Rucksack des Öfteren in Sonnenhitze. Die Platten wellten sich. Beim Abspielen auf der aufgelassenen Kegelbahn im Caféhaus schleuderte jede Welle den Tonarm in die Höhe. Und danach krachte der Tonarm wieder auf die Platte. Stundenlang wechselten sich Musik und Phantasie ab. Später wurde das Scratching genannt.

Unser Caféhaus funkelte in die Region wie eine Discokugel. Besitzer Vince war nicht nur Greißler, sondern auch Eventmanager. Er engagierte und organisierte Glanzlichter in Nikitsch, wo in Wien noch graue Zeit war. Eben Ivo Robič. Und The Rattles. Und The Lords. Aus Germany. Und The Spitfires. Und Al Cook. Aus Wien. Und er entdeckte die Bruji als sie noch The Brew hießen. The Brew aus Großwarasdorf. Und irgendwann holte er einen jungen Mann nach Nikitsch. Sein Name war Mick Taylor. Kurze Zeit später debütierte er im Londoner Hyde Park als neuer Rolling Stone vor einer viertelmillion Gläubigen. Was wären die Rolling Stones ohne Nikitsch?

Caféhaus und Kirtag waren kulturelle Inkubatoren. In ihnen widerspiegelt sich die kulturelle und politische Evolution unseres Lebens. Beginnend mit Polkas wie Rosamunde, über kroatisch gesungenen Polit-Rock bis hin zu linkem und grünem Engagement in der Politik. Als Kristall dieser Schmelze funkelt die KUGA in Großwarasdorf, ein multiethnisches Kulturzentrum, kulturelles Grundnahrungsmittel unserer Region. Gegründet wurde die KUGA durch Joško Vlasich, Sänger dieser Bruji, Lehrer am Gymnasium BORG und später Landtagsabgeordneter der Grünen. Zur Gründung half Adalbert Reidinger, Direktor des BORG und Mitglied der ÖVP, und große Unterstützung gab Kultur-Landesrat Mader von der SPÖ. So geht Regenbogen, so geht Erfolg.

Die KUGA bereichert uns mit Kultur, Festen und Diskussionen. Und mit wunderbaren Angeboten für Kinder in den Ferien: „KUGA 4 Kids". Die Idee von Joško wurde mit Daniela, Gesa und Ferenc zum mehrsprachigen Geschenk an die Jugend. Videoworkshop, Indianerleben, Zirkuslager, Modellierkurse und mehrsprachiger Kindergarten. Joško erfand dann auch den Rock-Workshop. Zum Rock-Workshop kamen Jugendliche, auch aus Wien. Für eine Woche erstmals eine Band sein! Mit ihren Instrumenten und Stimmen lernten sie täglich drei Hits und Freitag spielten sie das erste Rock-Konzert ihres Lebens. Vor Publikum, voll mit Müttern, Tanten und Omas, Cousins und manchmal auch Vätern. Eine Stunde auf hohem Niveau. Die Musikerinnen und Musiker der Gruppe PAX halfen ebenso wie Feri mit dem Klavierhaus Förstl an der Wiener Bellaria. Zusammen halt.

Niklas spielte Gitarre. Wir meldeten ihn zum Rockworkshop. Wie immer am Tag vor Beginn eines Workshops, Seminars, Camps – großes Theater. *Nein! Lasst mich. Ich will dort nicht hin!* Und wie immer nach dem ersten Tag: *Cool!* Sie lernten englische Hits und jugoslawische Hymnen und österreichische Hodern. Am Freitag spielte Niklas mit Cousin Philipp, den Buzanich-Söhnen und weiteren Kids aus Wien das Konzert. Mit „Creep" von Radiohead bis „Csokolata" aus Jugoslawien. Zehn Jahre später spielt er diese beiden Lieder wieder. Mit seiner Band „Broken Doors". Eine wienerisch-kroatische Band, das Beste aus beiden Welten. Wieder mit Cousin Philipp, mit Freunden aus Wien und mit Freundin Eva aus Nikitsch. Sie singen deutsch, englisch und jugoslawisch. Die Texte versteht nur Eva. Gesungen wird von allen. Getanzt von Freundinnen und Freunden.

Corona killte ihr Konzert im Chelsea. Sie waren eingeladen für die 30-Jahr-Feier der Zeitschrift „Uhudla". Der *Uhudla* ist ein burgenländisches Rebellenmedium, geboren von Max. Zehn Jahre zuvor, beim Fest „20 Jahre Uhudla", spielte ich mit meiner Band Bolschoi

Beat auch im Chelsea. Niki besuchte das Fest mit vielen aus seiner Klasse. Nach dem Auftritt kam Niki: *Meine Freundinnen fragen, ob du das Lied ‚Kosmonauten der Liebe' wirklich für Mama geschrieben hast.* Sie waren gerührt. Das Chelsea, gegründet und geführt von einem Kroaten aus dem Burgenland. Er brachte den Punk nach Wien. Heute spielt dort die Welt.

Beim Konzert in der KUGA spielte Niklas im Programm vor Pišti Horvaths Ensemble. Pišti Horvath spielte Zimbal und leitete ein kleines Orchester mit Roma-Musikern. Ein Großwarasdorfer Mensch, der sich „krowodischer Zigeuner" nannte. Pišti war ein Star. Er spielte mit Roy Black, er spielte in der Carnegie Hall, er spielte Zimbal im James-Bond-Film. Und er spielte an diesem Abend. Der Anti-Ziganismus im Burgenland terrorisierte viele Menschen. Schon lange vor dem Nationalsozialismus tat die Gendarmerie ihr Bestes. Und auch nach dem Nationalsozialismus. In den Neunzigern verloren vier Menschen in Oberwart ihr Leben. Irgendwer wollte sie „zurück nach Indien" schicken. Nazis lieben den Austausch.

In den Sechzigern änderte sich die Roma-Feindlichkeit. Es gab „Gypsy love" mit Karl Ratzer und Harry Stojka, wir rauchten Gitanes und Hendrix pflegte den Gypsy Look mit der „Band of Gypsies". Wobei keiner in dieser Band Roma war, wie Ron Wood von den Rolling Stones. Und dank der KUGA wurde Pišti Horvath wieder ein Teil von Großwarasdorf. Auch in den kroatischen Dörfern lebte die Ablehnung der Roma. In abgeschwächter Form, denn auch wir erfuhren, dass „Minderheit" minder schmeckt. Und „Horvath", ein häufiger Name in der Roma-Volksgruppe, bedeutet „Kroate" auf Ungarisch. Grenzregionen grenzenlos gemischt.

Rudi hieß Horvath. Rudi Horvath aus Nikitsch, einiges älter als ich. Der Sohn von Onkel Ignaz und Tante Maritza. Er spielte bei Rapid und lange bei Austria Salzburg, er spielte Champions League und im Nationalteam. Libero. Geboren in Nikitsch. Sein Vater spielte Karten und verlor in einer Nacht Haus und Felder. Allen Besitz. So „mussten" sie Nikitsch verlassen. Sie erwarben ein altes marodes Haus in Alt-Erlaa, ihr neues Zuhause. Am Wochenende halfen mein Vater und meine Mutter bei den Renovierungsarbeiten. Lange Zeit mein Wochenendvergnügen. Wir schaufelten Schlacke in die Räume, um den Boden zu erhöhen und zu isolieren. Das Haus wurde schöner. Und die Horvaths lebten dort viele, viele Jahre. Mein Vater wurde Firmpate von Rudi und schenkte eine Uhr, schöner als die seine. Rudi wurde Fußballstar und füllte Tageszeitungen. Rudis Firmungsfoto zeigt mich als Knirps. Mit dem Foto holte ich mir nach den Fußballspielen ein Autogramm von ihm, und zwar so, dass das Foto die anderen Autogrammjäger sehen konnten. Sie bewunderten mich für meine Familie.

Großvater sang beim Kartenspielen mit seinen alten Herren gerne am Sonntag im Gasthaus Lieder, auf Kroatisch und viele auf Ungarisch und manche in Romanes. Unsere Lieder tragen oft Csardas im Blut und Csardas kam mit den Roma in die Musik. Die Nikitscher Hymne „Okolo Fileža" ist ein Csardas. Und am Kirtag kommen Roma-Musiker nach Nikitsch, von Haus zu Haus, bereit, ein paar Lieder zum Fest zu spielen, sich etwas zu verdienen. Fast immer wurde zugesperrt. Auch von Haus zu Haus. Auch bei uns. Erst als Niklas 1995 geboren wurde, ließ meine Mutter das Tor zum ersten Mal offen. Der Einjährige lauschte mit großem Staunen.

Heute treffen sich er und seine Freundinnen und Freunde abends an der Nikitscher Kreuzung, spielen Gitarre und singen. Neil Young und Bob Dylan. Die Lieder unserer Jugend als Lieder ihrer Jugend. Sie treffen sich im Jugendzentrum, selbstverwaltet von einer Jugend, die zusammenhält, viel macht, respektvoll und gleichberechtigt. Als Club-Zeichen tragen sie eine Teufelsfigur auf dem T-Shirt mit dem Leitspruch „Vrak ne spi. I mi ne!" – „Der Teufel schläft nicht. Und wir auch nicht!" Dieses Teufelswerk voll Lebensfreude verteufelte der Pfarrer am Sonntag in einer Brandrede. Abgekanzelt. 2020. Die Jugend ließ einen großen schönen Wandteppich mit Teufelsfigur und Leitspruch sticken, aufgehängt am Tor des Jugendzentrums und weithin sichtbar. Wir waren immer stolz auf jede Jugend.

Das Jugendzentrum war Ergebnis unseres Bürgermeisters. Johann wurde Bürgermeister vor fast 30 Jahren. Erstmals direkte Bürgermeisterwahl. Johann warb und warb und warb überall. Er wurde gewählt. Erstmals ein Bürgermeister der SPÖ mit einer Gemeinderats-Mehrheit der ÖVP. Oft kippte diese fragile Balance in Konfrontation. Ein leiser Hauch von Don Camillo und Peppone. Es glättete sich, gefolgt von friedlicher Koexistenz und Übergang zu guter Zusammenarbeit. Der junge SPÖ-Gemeinderat ist nun Trauzeuge des jungen ÖVP-Gemeinderates. Love & Peace? Noch nicht ganz, aber schon nahe dran.

Johann unterhält gute Beziehungen zur Feuerwehr, zum Fußballverein, zum Pensionistenverein, zum Seniorenheim, auch zum Tennisverein. Und früher auch zum Pfarramt. Der vorherige Pfarrer kam aus Kroatien und war sehr beliebt. Seine Predigten waren für mich nicht zu verstehen, ein jugoslawisches Kroatisch. Der Pfarrer stand dem Bürgermeister nahe. Diese Freundschaft zwischen Bürgermeister und Pfarrer gefiel nicht allen. Und auch nicht der Amtskirche. Der Pfarrer wurde versetzt.

In meiner Jugend übte ein Pfarrer aus Polen das Priesteramt aus. Oral-History von den älteren Einwohnern des Ortes war seine Leidenschaft. Er publizierte das Journal „Svidoki" – Zeugen. Er ließ sich die Vergangenheit erzählen und war oft bei uns, bei

Großvater. Großvater war glücklich von früher erzählen zu können. Mitten im Hof, ein Tisch, zwei Sessel, ein Diktaphon und viel Geschichte. Wir saßen entfernt herum und lauschten. Der Pfarrer freute sich immer, mich zu sehen. Fünfzehn Jahre, lange Haare, der Sommer mit drei Schwestern. Und jedes Mal rief er mir zu: „Ich freue mich auf deine Beichte." Er ging leer aus, denn unser vieles Beten hat alle Sünden getilgt.

Johann und unser Pfarrer aus Kroatien unterschieden sich körperlich sehr. Johann klein und rund, der Pfarrer groß und dünn. Länderspiel Österreich gegen Kroatien in Wien. Niklas, zehn Jahre und eine österreichische Fahne, so groß wie er. Vor dem Stadion ein Meer flirrender Schachbretter, die Fans Kroatiens mit ihren Fahnen. Fast alle österreichische Staatsbürger, Kinder der Flüchtlinge und Enkel der Gastarbeiter. Trotz Österreich, in der Seele noch immer in Kroatien. Mittendrin im Karussell der Schachbretter entdeckten wir Bürgermeister Johann und unseren Pfarrer. Wir freuten uns und begrüßten und redeten laut in kroatischer Sprache. Die Jugendlichen mit kroatischer Fahne staunten um uns herum. Sie wunderten sich, dass Kroatisch Sprechende eine österreichische Fahne trugen? Kroatien siegte vier zu null und wir fühlten uns nicht vollständig als Verlierer.

Bürgermeister und Gemeinderat eröffneten ein Jugendzentrum und eine Bücherei in der alten Milchsammelstelle. Abends nach dem Melken fuhren wir die Milchkannen zur Sammelstelle an der Kreuzung. Am Monatsende gab es Geld und etwas Naturalien. Meistens Butterkäse mit Namen Jerome. Ein Flair Frankreich. Eine weiche, im Mund zu Gummi schmelzende Masse, mit strengem Geruch. Monatlich und wieder und wieder. Es hat gereicht bis heute. Bei der Milchsammelstelle trafen wir Freundinnen und Freunde zu Spaß, Spielen und Flirt. Wir fuhren gerne die Milch zur Kreuzung.

Früher stand an der Kreuzung ein kleines Häuschen. Die Trafik. Ein Häuschen vielleicht zwei mal zwei Meter, mit einer Tür und kleinem Fenster. Die Trafikantin wurde auf Kroatisch Mare Šaba genannt. Mare stand für Maria und Šaba für einen ordentlichen Frosch. Den Kosenamen „Frosch" verdiente sie sich dank langem, lautem Rülpsen. Organisch bedingt. Es war ein sehr lautes Rülpsen. Sie war Einzelgängerin aus dem letzten Haus in unserer Gasse. Wir hörten, wenn sie hinunter zur Trafik ging. Und mitten auf der Kreuzung: großer Sommer, großer Platz, flirrende Luft und ein einsames kleines Häuschen, das rülpst. Sie wurde nie verspottet. Auch nicht von uns Kindern.

An der Kreuzung kreuzten sich drei Wirtshäuser. Sie gingen uns verloren. Fernsehen, Grenzöffnung und Migration nach Wien schmolzen das Geschäft. Das eine, Gasthaus Haas, warb mit selbstgemachtem Eis in zwei Sorten. Riesen-Eismaschine und geölter Holzbodengeruch. Das andere, Gasthaus Mersich, hatte als erstes eine automatische Kegelbahn, wo wir so manche Sau schoben. Das dritte, auch Mersich, gab mitunter Vorträge. Meist Reisereportagen mit Film- oder Dia-Vortrag. Öffentlich angekündigt. Nicht angekündigt war der kleine Pornofilm um Mitternacht. Ich habe alle versäumt. Ich wusste davon nichts.

Mersich ließ auch politische Versammlungen zu. Reden, Vorträge, Abstimmungen. Auch Funktionäre der sehr kleinen KPÖ, allerdings sehr selten. Das war insofern bemerkenswert, als wir in einem katholischen Dorf mit Landwirtschaft am Eisernen Vorhang den Kommunismus fürchteten. Die Hierarchie bei den Schimpfwörtern unserer Kindheit führte „Du Bolschewik" an, vor „Du Antichrist" und „Du Sozi". Jedenfalls zierte die Schank im Wirtshaus Mersich viele Jahre ein Wimpel vom Volksstimme-Fest in Wien. Der gleiche wie im Wohnzimmer der Familie „Mundl" Sackbauer.

Mein letzter Besuch im Gasthaus war, als ich zum letzten Mal mit einem Rad aus Nikitsch rausfuhr. Vor rund vierzig Jahren. Feri war und ist begeisterter Radfahrer und überredete mich nach Deutschkreutz zu fahren. Hin und zurück rund zwanzig Kilometer. Völlig untrainiert, die Hinfahrt noch frisch und bergab, die Rückfahrt bergauf und erschöpfend. Der kleine Höhenunterschied zu Nikitsch lässt Deutschkreutz ein Grad wärmer sein. Ein kleiner Unterschied am Thermometer, aber ein großer im Weinkeller. Dieser kleine Höhenunterschied ließ mich in eine völlige Erschöpfung gleiten. Ich fuhr nie mehr Rad über Nikitsch hinaus. Feri fuhr zum Papst. Mit dem Rad.

Als Kinder fuhren Feri und ich gerne Rad. Auch gemeinsam auf einem. Verkehrstechnisch verboten, kindheitstechnisch großer Spaß. Wir waren zehn Jahre alt. Wir fuhren auf der Straße Richtung Kreuzung. An der Kreuzung ein arbeitsarmer Gendarm. Gelangweilt. Nie was zum Einschreiten. Und da sah er uns zwei auf einem Rad, und er sah seine Stunde gekommen. Er strafte uns mit zehn Schilling. Als wir zu Feris Mutter um zehn Schilling kamen, wurde sie sehr böse. Sie ging los zur Kreuzung und schimpfte den Gendarmen in Grund und Boden. Vor allen Menschen. Was ihm denn einfalle, Kinder zu bestrafen? Er braucht nicht mehr zu ihr zum Essen kommen! Aus Schmaus. Das Gewaltmonopol liegt schwer im Magen.

Schwerstarbeit

Krankheit

Begräbnisse

Mit Feri verbindet mich lange Freundschaft. Schon in Wien. Beide Familien wohnten im fünfzehnten Bezirk. Beide Väter arbeiteten am Bau. Die Eltern besuchten sich gegenseitig und wir mit dabei. Die Wohnung meiner Eltern bestand aus einer kleinen Küche und einem Zimmer, in dem wir zu dritt schliefen. Samstags meist „größerer" Besuch. Aus Nikitsch und Umgebung. In der Küche mit zehn Quadratmetern sechs Freunde. Die Mehrheit saß auf Obstkisten. Mutter machte Chaudeau (gesprochen „Scható"). Ein heute unbekanntes Heißgetränk, gemixt aus Wein, Zucker und Eidotter. Es wurde erzählt, gelacht, natürlich laut.

Meine Mutter war Bedienerin, mein Vater Hilfsarbeiter am Bau, wie Feris Vater. Die Firma der Väter hieß „Bauwesen AG". Dort arbeiteten viele Nikitscher. Darunter mein Onkel Mathe, Bruder meiner Mutter, und mein zweiter Onkel Stife, Cousin meines Vaters, und Onkel Mathe, Cousin zweiten Grades meiner Mutter, und mein und mein und … Praktisch ein Familienbetrieb. Die Bauarbeiter verließen am Sonntag Nikitsch Richtung Wien. Dort lebten sie in Baracken wie die Ziegelbehm. Townships. Freitag fuhren sie nach Hause. Am Heimweg noch eine Flasche Bier und zuhause mitunter Streit, weil im Wochengeld Lücken dunkelten.

Und am Wochenende, wenn sie nach Hause kamen, waren sie auch im Dorf auf der untersten Sprosse der sozialen Leiter. Pfarrer, Lehrer und Bauern standen über ihnen. Nur ihre Frauen standen etwas unter ihnen. Nicht so meine Mutter. Hat mein Vater getrunken, gab es Prügel. Für ihn.

Wie viel Kränkung, Schmerzen und Leid mussten Vater, Onkel, unsere Fileži als pendelnde Bauarbeiter erfahren? Großvater ging ins Nachbarhaus und bedankte sich bei Tante Christl, damals eine junge Frau. In der Mittagspause in Wien ging sie mit ihrer Freundin und sah plötzlich Onkel Mathe in der Baugrube arbeiten. Sie begrüßte ihn freudig und sie redeten eine Weile, auf Kroatisch. Großvater bedankte sich für die Würdigung seines Sohnes als Mitmensch durch die junge Frau.

Schwere Arbeit bei jedem Wetter, triste Baracken und soziale Schieflage. Vieles kränkte die Männer am Bau und aus Kränkungen werden Erkrankungen. Vater erlitt eine Lungenentzündung. Es regnete. Sie mussten trotzdem. Verschwitzt und ungeschützt. Der Praktische Arzt war siebzig und übersah die Lungenentzündung, übersah dann die Herzentzündung. Die Herzklappe wurde enger, das Herz gab langsam nach. Es waren Jahre mit vielen Spitalsaufenthalten, Krisen, Kuren, Krankenständen und schlechter werdenden Befunden. In den Ergotherapien der Kuranstalten lernte Vater Schiffe zu schnitzen, Pudel zu stricken, Blumenständer zu schweißen oder Drahtbilder zu biegen. Eines mit den Umrissen einer nackten Frau am Strand. Es wurde verkauft. Alle Verwandten bekamen Schiffe, die leuchteten. Oder Pudel. Die Ärzte beschrieben Vaters Herzdilatation als „groß wie ein Radfahrer-Herz". Vater mochte das Wort. Es klang nach großem Sport.

Er beendete die Arbeit am Bau und wurde Lohndiener. In zwei Hotels. Vormittags und nachmittags. Ein Vierzehn-Stunden-Tag. Mutter arbeitete als Bedienerin und fürchtete die Verarmung. Vater durfte Wein trinken, nicht viel. Mutter verdünnte zwei Flaschen Wein zu drei Flaschen „Wein". Bei uns wurde Wein zu Wasser. Die Rebe hieß „Herrnbaumgartner", was Vater etwas Würde ließ.

Mein Onkel trank mehr. Abends stellte er sich eine Zwei-Liter-Flasche mit Wein ans Bett. Morgens war kein Wein, sondern Wasser in der Flasche. Onkel berief sich auf die Kälte der Nacht, die den Wein in Wasser wandelte. Es war Juni. Am nächsten Tag kam der erste Anfall, es folgten viele. Als der Arzt kam, schämten sich meine Großeltern bei der Frage, ob er trinke. Onkel wurde ins Spital gebracht und dann an die Universitätsklinik für Psychiatrie in Wien. Als ich dort, dreißig Jahre später, zu arbeiten begann, suchte ich seine Krankengeschichte. Die Ursache für seinen Tod war nicht beschrieben.

Mit den Spitalsbesuchen bei meinem Vater wechselte ich mich mit Mutter ab. Ich wochentags nach der Schule. Mutter am Wochenende. Für einen Vierzehnjährigen waren Spitalsbesuche nicht aufregend. Wir redeten immer ein wenig, meistens waren Freunde und Verwandte von Vater am Krankenbett. Meistens frühere Freunde vom Bau. Am Bau arbeitete man zusammen. Als Lohndiener nicht. Die Frage von Vaters früherem Polier namens Kalman: *Rudi, hast du schon eine Freundin?* Am Krankenbett war Spaß.

Ich war sehr „gläubig". Und wieder auch nicht. Je nach sexueller Orientierung. Vor Schulbeginn ging ich meistens in die Kirche, um mit einem „Vaterunser" Sünden gegen das sechste Gebot auszubügeln. Es gab eine Zeit, in der ich überzeugt war, mit jedem sexuellen Erlebnis verschlechtere ich meine Schularbeits-Note um eine Stufe. Mathematik erhielten wir schon am nächsten Tag und so hatte ich meistens eine Eins. Die Englisch-Schularbeit dauerte eine Woche. Die Fünf begleitete mich bis zur Matura. Gott gab nicht nach.

Es war Sonntag. Ich kam heim, öffnete die Tür und sah Mutter sehr verweint. Mutter weinte immer, wenn sich Vaters Gesundheit verschlechterte. In meiner Bigotterie vermutete ich eine religiöse Nachlässigkeit und sah sie vorwurfsvoll an: *Warst du nicht in der Kirche?* Mutter antwortete: *Papa ist tot.* Ich schämte mich.

Sie war in der Kirche. Dann im Spital. Sie öffnete das Krankenzimmer. Vater sah sie: *Schön, dass du gekommen bist.* Meine Mutter küsste ihn und ging ihren Mantel aufhängen. Als sie zum Bett zurückkehrte, war Vater tot. Liebevolle Erwartung.

Vaters Tod. Begräbnis in Nikitsch. Tage der Besuche und Erzählungen von Vaters Tod. Wieder und wieder Erschütterung, wieder und wieder tat es weh. Dazu Erinnerungen und Geschichten und Gemeinsamkeiten. Und auch Unheimlichkeiten. Auch das lieben wir. Viele erzählten von unheimlichen Anzeichen, von mysteriösen Momenten an diesem Tag. Immer just zum Todeszeitpunkt. Die eine Tante hörte Schritte in der leeren Küche, der andere Onkel erlebte, wie sich der Vorhang im windlosen Zimmer hob und er einen Hauch fühlte. Bei anderen blieb die Uhr stehen und noch andere hatten einen Traum, in dem meine Mutter in Weiß mit meinem Vater erschien. Die Nacht davor. Ich war ein ängstliches Kind. Die Erzählungen machten mich nicht ruhiger. Bei Vaters nun dunkler Zimmertür ging ich schneller vorbei als früher.

Mein Dorf liebte Zeichen und Wunder. Besondere Rätsel gab mir der so genannte „Komm-mit-Vogel". Sein Zwitschern wurde verstanden als „Komm mit!". Und jede Nacht, wenn der Vogel „Komm mit" zwitschert, holt sich der Tod jemanden aus unserer Gasse. „Komm mit!" in den Tod. So die Mystik. Doch „Komm mit!" war eindeutig Deutsch. In einem kroatisch-sprechenden Dorf? Und wie war das früher, als noch niemand im Dorf Deutsch verstand?

Mein Vater wurde zum Begräbnis nach Nikitsch überstellt. Das neue Bestattungsunternehmen Steiger war ein Geschenk Gottes und erledigte damals aufwendige Bürokratie. Vater wurde im Elternhaus im Schlafzimmer aufgebahrt. Mein Großvater väterlicherseits und sein Bruder heirateten meine Großmutter und ihre Schwester. Zwei und zwei. Alle vier wohnten im selben Haus. Meine Großeltern vorne, Großtante und Großonkel hinten. Genannt Sadnjevi, die Hinteren. Zum Tod meines Vaters sprachen sie nach dreizehn Jahren zum ersten Mal wieder miteinander – der Misthaufen stand fünf Zentimeter über. Ich besuchte Großtante und Großonkel immer und gerne, wenn ich die Großeltern vorne besuchte. Ihre Tochter wanderte nach Kanada aus. Als Knirps verabschiedete ich sie am Flughafen und sie schenkte mir einen Dollar-Schein. Ich war reich.

Nach dem Tod meiner Großmutter väterlicherseits begann Großvater mit einem Heurigen. Eine Art Jugendzentrum für Senioren. Der Wein war Eigenbau. Ein Glas Wein für 48 Groschen. Die alten Herren saßen mit einem Glas stundenlang in der Küche. Oft ohne ein Wort. Vielleicht zwei. Und wenn ich dann kam, musste ich erzählen. Sie wollten alles wissen. Und natürlich: *Rudi, hast du schon eine Freundin?* Zum Abschied gab es meist zehn Schilling. Der Besuch lohnte.

Vater lag zwei Tage im offenen Sarg im Schlafzimmer seiner Eltern. Zwei Tage lang kamen viele Leute, beteten und sangen, nahmen Abschied und gaben Mitleid. Mit jedem Besuch Schmerz und Tränen.

Mitunter wurden auch schöne Erlebnisse erzählt, oder gar lustige Anekdoten. Um den Sarg des Vaters die Frauen, in der Küche die Männer. Die Frauen beteten, die Männer redeten. In der Nacht tranken sie auch manchmal Schnaps. Manchmal fiel einer vom Sessel. Kurze Aufregung und zurück in Trauerstellung. Weil ich erst vierzehn war, durfte ich die zweite Nacht bei Großtante und Großonkel schlafen.

Am nächsten Morgen war der Sargdeckel geschlossen. Aufgeregte Darstellung eines nächtlichen Dramas: Plötzlich soll sich ein blauer Streifen im Gesicht meines Vaters gebildet haben. So wurde es von allen gesehen. Einige fürchteten sein „Platzen", andere raunten von inneren Gasen! Sie verschlossen Vater rasch mit dem Deckel. Es blieb unheimlich.

Zum Begräbnis kam auch die Chefin meiner Mutter. Die Unternehmerin fuhr zum Begräbnis des Ehemannes ihrer Bedienerin. Hundert Kilometer weit. Die Chefin lernte unser Dorf kennen. Ein wenig. Hunderte Menschen, Blumen, Gesänge, Getragenheit, Musik und Weihrauch. Mutters Chefin überwältigt: *Das ist ja ein Begräbnis wie für einen Staatspräsidenten!* Mutter erinnerte diesen Satz wiederholt. Wir alle ehren am Ende alle. So sind wir. Dann, wenn es Richtung Grab ging, hoben die Chöre an. Hier der Nikitscher Männergesangsverein, dessen Männer meist vom Feld oder aus der Werkstatt kamen. Dort die Klagefrauen, deren stetes Singen wie Mahlsteine die Trauer kleinreiben sollten. Und dann alle. Hunderte. Mutters Chefin noch immer überwältigt: *Der Männerchor gehört an die Staatsoper!*

Mein Vater starb Mitte vierzig. Viele unserer pendelnden Bauarbeiter starben Mitte vierzig. Vater, Onkel, Onkel, entfernter Onkel, Freund des Vaters. Wir liefen von Begräbnis zu Begräbnis. Ihr Erbe floss in meine Arbeitsmedizin.

Feris Vater lebt noch. Er ist 96. Auch er war Bauarbeiter. Ein Todesfall hatte ihn auf den Bauernhof zurückgerufen. Onkel Karol übernahm die Landwirtschaft. Dort war er sein eigener Herr und im Dorf verwurzelt. Er lebt heute noch mit seiner Frau, Tante Morgit. Auch sie ist 96. Tante Morgit, die dem Gendarmen Ess-Verbot gab.

Wir Kinder
der „Ära Mütter"

Als Mutter mit mir schwanger war, waren meine Eltern Bauern. Am Hof mit den väterlichen Großeltern und drei Schwestern. Ich wurde im Haus der Großeltern geboren. Meine Mutter arbeitete am Feld, als ich zu drängen begann. Unser Kreiß-Saal war eine Kammer im Haus, gestampfter Erdboden. Teta Baba, die „Frau Hebamme", half meiner Mutter und mir. Mutter überlebte gesund wie das Kind.

Meine Eltern mussten bald nach meiner Geburt den Bauernhof von Vaters Eltern verlassen. Sie heirateten aus Liebe, gegen den Willen seiner Eltern. Liebesheiraten waren noch selten gewollt. Die Eltern meines Vaters wähnten sich als „reiche Bauern" und sahen Mutters Eltern als „arme Bauern". Sie wollten eine reichere Braut und nicht Mutter. Vater wollte nur Mutter. Als erstgeborener Sohn erhält Vater das Erbe. Landwirtschaft und Felder, damit auch meine Mutter. Die Schwestern meines Vaters mochten meine Mutter nicht. Für meine Eltern wurde es zu keinem Zuhause. So beginnt viel Migration.

In Wien begannen die Eltern mit Nichts und sie begannen als Hausmeister. Zuerst in der Leopoldstadt. Dann in Erdberg. Und dann erstmals als Bauarbeiter und Bedienerin in Rudolfsheim-Fünfhaus. Ein Aufstieg. Die ersten selbst erworbenen Möbel als Beweis der eigenen Existenzfähigkeit. Zwei Kästen voll Stolz. Die Möbel wurden beim Umzug leicht beschädigt. Der kleine Kratzer in der Kastenwand blutete Jahrzehnte weiter. Möbel waren heilig.

Später wurde meine Mutter Bedienerin und Kinderfrau bei Peter Vogel und Gertraud Jesserer. Beide am Burgtheater. Ihre Kinder liebten Mutter. Das Ehepaar ebenso. Gertraud Jesserer erzählte im „Kurier", „eine Perle kümmert sich um die Kinder". Mutter war die „Perle"! Was für ein Schmuck! Meine Mutter las den „Kurier" allen in der Gasse vor, immer wieder und immer laut. Alle bestaunten Mutters Berühmtheit und ihre Berühmtheit fiel irgendwie auch auf alle in unserer Gasse.

Getraud Jesserers Sohn Sascha blödelte gerne mit Mutter. Mutter „belebte" ein totes Suppenhuhn, welches den Mund zu bewegen begann, wenn Mutter die Haut am Hals zog. Sascha rannte davon. Und kam dann leise und vorsichtig zurück. Und wieder zog Mutter die Haut am Hals und Sascha rannte wieder davon. Später debütierte er in der österreichischen Kino-Produktion „Herzflimmern". Er wurde Fotograf, mit Leidenschaft zum Kriegsreporter. Im traurigsten aller Kriege rannte er zu früh aufs Flugfeld in Zagreb.

Gertaud Jesserer und Peter Vogel wohnten in einer wunderschönen Dachwohnung am Alsergrund. Die Decke aus Glas, ein Bad mit allem, Filmprojektor, Charlie-Chaplin-Filme, Fred-Perry-Polo, Dirigierstab. Peter Vogel schenkte mir das Polo. Ich war acht und wusste Fred Perry nicht zu schätzen. Ich trug Fred Perry bis ich meine Frau kennenlernte, mit zweiundzwanzig. Es muss mir am Anfang sehr groß gewesen sein.

Als Sohn einer Bedienerin lebt man in vielen Welten, lernt, was möglich ist. Irgendwann beendete Mutter ihr Dasein als Perle. Vogel und Jesserer kamen uns besuchen, nach Rudolfsheim, in Zimmer und Küche. Mit ihren Kindern. Sie wollten Mutter wieder. Es war schon die antiautoritäre Zeit. Die Kinder durften fast alles und Nein war selten. Die Kinder wirbelten durch unsere kleine Wohnung. Sie schlugen mit allem, was sie kriegen konnten. Vorrangig auf die Möbel. Mutters Heiligtum. Ich litt mit Mutter. Mutter schwieg.

Alle fünf Jahre wurden Zimmer-Küche neu ausgemalt. Auch der Maler kam aus Nikitsch. Er war nicht nur Maler und Anstreicher, sondern auch „Maler". Er nannte sich Angeli, aber er war kein Braver. Und das war gut so. Beim Ausmalen kamen Mutters Kästen in die Mitte des Raumes. Wie eine Wagenburg, mit den Rückseiten nach außen. So fielen Farbpatzer auf die Rückseite der Kästen und machten keine Katastrophe. Mein Vater und Angeli witzelten gerne Sexuelles. Wie viele Nikitscher Männer. Mutter und Tante lachten dann. Angeli sagte, er könne mit drei Strichen eine nackte

Frau zeichnen! Eine Ansage, die mich neugierig werden ließ. Eine Ansage zu einer Zeit, in der schwarze Balken jeden Busen verschwinden ließen. Ich sollte natürlich wegschauen. Und Angeli begann zu zeichnen. Eins, zwei, drei – ich war hin und weg: die Silhouette einer nackten Frau. Und dazu noch zwei Punkte. Mein erstes Pin-Up brannte sich in mein Gedächtnis.

Ich besuchte damals den Kindergarten der Kinderfreunde. Wir spielten im Hof. Tante Emmi ließ uns im Hof zeichnen. Wir sollten mit Kreide Schönes auf den Hofboden malen. Straßenmalerei. Ich wusste sofort, was ich zeichnen wollte: die nackte Frau in drei Strichen. Ich zeichnete die erste und bat Tante Emmi um Feedback: *Tante Emmi, schau!* Sie war im Gespräch vertieft und sagte ohne gut hinzusehen *Sehr schön!* Ich war stolz, dass ihr meine nackte Frau gefiel. Ihr Gespräch endete erst an meiner zwölften nackten Frau. Geschrei und Panik. Die Direktorin sah vom zweiten Stock auf fast dreizehn nackte Frauen. Auch sie, Geschrei und Panik. Ich verstand die Aufregung nicht. Eine nackte Frau war nichts Böses. Noch dazu in drei Strichen. Ich erhielt einen nassen Schwamm und musste alle meine nackten Frauen wegwischen. Als Ergebnis von Wasser, Kreide und Schwamm überlebten meine zwölf nackten Frauen in blassen, dafür aber dicken Strichen. Mehrere Tage.

Meine Mutter wurde oft in den Kindergarten zitiert. Vor meiner Verderbtheit wurde gewarnt. Ich durfte befreundete Mädchen auf das Kinderklo begleiten und beschützen. Die Mädchen wollten das so. Wovor ich sie beschützen sollte, war mir nicht klar. Ich jedenfalls war stolz, dass sie mich wählten. Auch sollen Unkeuschheiten vorgekommen sein, im zarten Alter von fünf und sechs. Tante Maritza riet meiner Mutter, mir keine Eier mehr zu essen zu geben. Monatelange Therapie. Wirkungslos.

Ich kam in die Volksschule. Ich war ein stolzes Kind, denn von klein an hieß es von allen im Dorf: *Sei stolz, dass du Kroate bist!* Die Nazi-Zeit war keine zwanzig Jahre vorbei. Der Antislawismus seit Jahrhunderten Alltag. Meine Lehrerin ausgebildet in brauner Zeit. Die Kinder der Apotheker und Gewerbetreibenden sollen ins Gymnasium. Die aus der Arbeiterschicht nicht. Und wer Kroatisch als Muttersprache hatte schon gar nicht. Lange bevor eine türkise „Integrationsministerin" Kinder ohne Deutsch als Muttersprache zu Problembären abstempelt und damit jenen mit deutscher Muttersprache den Vorzug gibt. In der vierten Klasse Volksschule erklärte sie meiner Mutter, dass ich zu dumm fürs Gymnasium sei. Gut, die Beziehung zwischen meiner Volksschullehrerin und mir hat nicht gut begonnen. Schon im ersten Zeugnis hatte ich – als Einziger – in Betragen ein „Gut". Für mich bedeutete „Gut" gut. Für die Lehrerschaft nicht. Da war einmal die Sonne, die ins Klassenzimmer schien, es heiß werden ließ und ich daher mein Hemd auszog. Da war einmal der Hunger, der mich in die Wurstsemmel beißen ließ – während der Stunde. Da war meine Legasthenie, die mich Kasperl als Gasperl aussprechen ließ. Trotz aller Ermahnungen.

Also besuchte ich die Hauptschule. Dort, mein Klassenvorstand zu mir: *Karazman, woher kommt denn dein Name? Aus dem Burgenland? Was, du sprichst auch Kroatisch? Du musst uns unbedingt ein Lied auf Kroatisch singen!* Ich sang *Marica Ružica*. Meine Freunde in der letzten Reihe grinsten laut vor sich hin. Ich war im A-Zug und verliebt in Lilo Heiter. Ich kaufte mir eigens ein Stammbuch und bat sie als Erste mir etwas ins Stammbuch zu schreiben. Ich hoffte, diese Ehre meinerseits wird zur Verliebtheit ihrerseits. Sie schrieb: „Mach es wie die Sonnenuhr, zähl die heiteren Stunden nur. Deine Lilo Heiter" Heiter war es auch im B-Zug. Mit den Mädchen. Die waren körperlich schon weiter. Hauptschule war o.k.

Walter besuchte den B-Zug. Er war mein Freund, gemeinsame Kommunion und gemeinsamer Schulweg. Er zeigte mir mein erstes Pornobild. Es war höchstens ein Quadratzentimeter groß und „zeigte" eine Gruppen-Sex-Szene mit mindestens fünfzehn Personen.

Zweite Klasse Hauptschule. Eines samstags kam ich nach der Schule heim. Mutter kündigte mir eine Überraschung an: *Ich habe eine Überraschung für dich. Montag beginnst du im Gymnasium!* Mutter ließ die Hauptschule keine Ruhe. Fast alle Kinder in Nikitsch gingen ins Gymnasium. Ausgerechnet ihres nicht. Mutter war ehrgeizig. Auch mit mir. Sie ging mit meinem Hauptschulzeugnis am Samstag ins Gymnasium und fragte den Portier: *Kann ich den Direktor sprechen?* Es war ein gutes Zeugnis. Die Hauptschule war schon damals leicht. Der Direktor antwortete: *Ihr Sohn soll Montag beginnen!* Ich begann am Montag in einem bordeauxroten ärmellosen Pullunder mit V-Ausschnitt. Ich wurde gut beschnuppert und angenommen. Ich sollte mich in jeder neuen Stunde vorstellen, mit dem Satz „Bitte ich bin noi!". Viele reden von der „Arä Kreisky", aber ich war ein Kind der „Ära Mütter".

Nun war Mutter sehr stolz. Auch wenn es Jahre brauchte, die genügenden oder auch nicht genügenden Noten in gute oder sehr gute zu verwandeln. Niemandem fiel meine Legasthenie auf. Wir waren eine kroatisch-sprechende Familie und Deutsch war Fremdsprache. Die Familie war froh, Deutsch zu können und Öll oder Senft richtig zu schreiben. Im Gymnasium führten drei Rechtschreibfehler in der Deutsch-Schularbeit zum Nicht genügend. Drei!!! Die Chefin meiner Mutter gab ihr zwei Bücher mit Rechtschreib-Übungen und meine Mutter übte mit mir täglich eine Stunde. Auch sie lernte und schrieb weiter Öll und Senft. Die Noten wurden befriedigend und gut – und manchmal schon sehr gut.

Auch Vater lernte manchmal mit mir. Zum Beispiel Englisch-Vokabeln: *Was heißt „genug" auf Englisch?* Ich antwortete: „inaf". Vater sagte: *Nein, es heißt „enoug".* Wir zwei verstanden uns nicht immer. Englisch blieb meine Schwachstelle bis zur Matura.

Der Deutschlehrer war mein Lieblingslehrer. Ich war sein Lieblingsschüler. Noch dazu hieß er Marinovich. Mutter war sicher, dass er auch Kroate war. Er war auch ihr Lieblingslehrer. Er erzählte uns immer von Fleiß und Sauberkeit, von der deutschen Nation und Recht und Ordnung. Und von der FPÖ. Meine Noten wurden von Klasse zu Klasse besser. Ich wurde sein Vorzeigeschüler. Ich war dreizehn und Großvater fragte, wen ich wählen würde. Ich sagte, *SPÖ, aber vielleicht die FPÖ.* Großvater: *Rudi, die darfst du nicht wählen, das sind die Nazis.* „Großvater, nein, die sind für Fleiß und Ordnung." *Rudi, das sind die Nazis. In den letzten Kriegstagen ging die SS durch Nikitsch und sie riefen: Nach den Juden seid ihr dran. Die FPÖ sind die Nazis. Wähle sie nicht.* Ich blieb meinem Großvater treu bis in den Tod. Ich glaube, STS hatten denselben.

In den letzten Kriegstagen holte die SS das letzte Aufgebot. Ostwall. Gegen Kriegsende mangelte es der SS an Männern. Als Übermenschen mussten sie auch körperlich groß sein, um auf andere Menschen herabsehen zu können. SS-Männer mussten 1,90 Meter hoch sein. In den letzten Wochen fanden sich am Ostwall keine Arier mehr mit 1,90 Meter und so griffen die Herrenmenschen auch auf „minderwertige" Männer zurück. Sie rekrutierten auch kroatische Männer mit 1 Meter 90. Onkel Mathe war größer als 1 Meter 90 und erhielt eine Tätowierung. Zuerst wollten sie uns morden und dann sollten wir für sie morden. Onkel bekam keinen Einsatz mehr und blieb in den drei Wochen unschuldig. Die Nummer blieb am Arm. Darüber fiel fast nie ein Wort.

Ebenso über einen russischen Jungen. Vater, Onkel und die jungen Männer zwangen sie mit achtzehn in den Krieg. Ihre Arbeitskraft fehlte am Bauernhof. Während Vater und andere Jungen mit Schlimmem in der Sowjetunion waren, zwangen die Nazis junge Menschen aus der Sowjetunion zur Arbeit an die Bauernhöfe in Österreich. Auch an Nikitscher Bauernhöfe. So kam der russische Junge, wenig älter als meine Mutter, auf unseren Bauernhof. Er arbeitete und half. Er erhielt Nahrung und schlief im Stall bei den Kühen. Großvater war Panslawist und christlich und respektvoll. Großmutter sowieso. Mutter überfiel mich mit der Erwähnung des Jungen erst wenige Jahre vor ihrem Tod. Ein Schlag. Kein Wort früher. *Mutter, was ist aus ihm geworden? – Du weißt eh, was sie damals gemacht haben, sie haben ihn geholt.* Auch das ein schwarzer Stern.

Erst viel später, als Psychiater, verstand ich mehr vom Weinen meines Vaters, meist am Freitag-Abend. Freitag kam meine Mutter früher von der Arbeit, ich holte sie ab, wir kauften am Markt, es gab Würstel und Fru-Fru. Und wir blieben länger in unserer kleinen Küche zusammen. Der Vater trank etwas Wein, nicht viel, doch das genügte für Tränen. Ich war ratlos. Ein Vater, der weint! „Es war schrecklich im Krieg, ich kann es dir nicht erzählen, was wir getan haben." Vater wurde mit siebzehn Jahren eingezogen und zum Morden in die Sowjetunion geschickt. Vater berührte mich oft. Mit Tränen wie mit Schlägen. Jahre nach seinem Tod lernte ich seine Symptome als

Posttraumatische Belastungsstörung zu verstehen. Flashback an Vater. Mutter war stolz aufs Gymnasium. Und auf mich. Vorausgesetzt, ich war schön angezogen. Ich erhielt jede Kleidung, die ich wollte. Mit dreizehn eine Hose aus rosa Samt um siebenhundert Schilling. 1968. Im gleichen Geschäft die gleiche Hose gekauft wie ihr junger Chef. Stolz ist keine Hauptsünde, sondern Allheilmittel bei Wunden aller Art. Meine Mutter füllte die ungelebten Freuden ihrer Jugend mit mir.

Meine Mutter schneiderte und strickte gern und viel. Für die kleine Schwester Maritza, mit ihrer Freundin die gleichen Kleider und Pullover für mich. Beim Stricken gab es Grenzen, denn den Ausschnitt doppelt zu umfassen gelang Mutter nicht. Und so endeten meine Pullover am Hals ohne Endung. Einfach aus. Es sah etwas unfertig aus. Aber das war hipp, die Zeit für Hippies. Kleidung musste etwas beschädigt sein. Wie die Welt. Anklage und Protest. Und so trug ich Mutters Pullover gerne in die Schule. Meine Freunde überstiegen sich mit Bewunderung für den unfertigen Pullover. Ich gab Mutter als Designerin an und sie bettelten, ob Mutter nicht auch für sie einen unfertigen Pullover stricken könne. Mutter konnte. Wir saßen zu zwölft in der achten Klasse mit unfertigen Pullovern von Mutter. Ich erhielt für jeden zehn Schilling. Mutter war sehr stolz. Meine Freunde liebten meine Mutter. Noch als Erwachsene: *Wie gehts Mathilde?*

Meine Psychotherapieausbildung nennt sich Existenzanalyse oder Logotherapie. Meine Lehrerin Lilo Tutsch war wunderbar, als Frau wie als Therapeutin. Sie eröffnete uns, als Familie, großes Glück. Sie führte mich in meiner Lehrtherapie zur Evidenz meiner Existenz, zu meiner „Bestimmung". Welche Mission gab ich mir in meinem Inneren? Sie führte mit Fragen und plötzlich fiel ein Bild in mich ein: ein Junge, hell erleuchtet im warmen Licht, im Dunkel des Raumes zwei Menschen, mit Augen auf den Jungen. Beim Nähern erkannte ich die zwei Menschen als meine Eltern. An meinem Leuchten erwärmten sie sich im kalten Schatten. Meine Mission war zu strahlen, aufzuhellen, ihr Leben aufzuhellen. Das Glänzen der Kinder als Rettungsring für Migranten.

Inge und ich waren keine Migranten mehr. Wir waren längst angekommen. Meine Frau geboren in Wien, mit böhmischstämmigem Namen, ich in Nikitsch und Niklas in beiden Welten. Niklas trat dem Tennisclub Nikitsch bei. Er verstand nicht Kroatisch, aber sie verstanden sich. Als Kind gab er Tenniskurse für Kinder. Am Montag waren es drei Kinder, am Dienstag fünf, am Mittwoch schon zehn Kinder. Unter den Kindern in Nikitsch sprach sich herum: Da gibt es einen Niki, der ist nett, dort ist es lustig. Niki gab nicht nur, er erhielt auch viel.

Niklas wurde zwölf. Sonntag halb elf Uhr in Nikitsch. In der Kirche Heilige Messe. Das Telephon weckte uns. Mutter aus Wien. Wie immer – sehr laut: *Hast du schon gehört, Niki ministriert in der Kirche!* Ich war überrascht, weil die Messe noch lief: *Wieso weißt du das? Du bist doch in Wien!* Naja: Die Nachbarin ihrer Schwester, meiner Tante Maritza, aus Kroatisch Minihof, hat die Heilige Messe dort versäumt und ist daher nach Nikitsch zum Gottesdienst gegangen. Sie hat Niki als Ministrant am Altar erkannt. Mit seinem Freund David. Sie hat sofort die Kirche verlassen und lief zurück nach Minihof zu meiner Tante – *Maritza, Niklas ministriert in Nikitsch!* Meine Tante in Minihof griff sofort zum Telephon an meine Mutter nach Wien: *Tilda, Niklas ministriert in Nikitsch!* Und meine Mutter griff sofort zum Telephon von Wien nach Nikitsch: „*Rudi, Niklas ministriert in Nikitsch.*" Alles in zehn Minuten. World Wide Web auf Kroatisch. Am nächsten Sonntag ging meine Tante selbst von Minihof nach Nikitsch zum Gottesdienst. Sie musste Niki ministrieren sehen. Sie sah ihn nicht. Enttäuscht rief sie in Wien an. *Niki hat nicht ministriert! Nur David und ein Mädchen mit längeren Haaren!* Niki hatte längere Haare.

Meine Tante war sehr nett. Sie freute sich immer mit mir und war lustig. Als junges Mädchen arbeitete auch sie als Bedienung in Wien. Und abends war Tanz im Mondscheinkeller in der Wiener Neubaugasse. Der Mondscheinkeller war damals ein Tanzlokal mit Schlagermusik und Palmen-Deko. Dorthin gingen viele junge Menschen zum Tanz, auch aus Nikitsch. Zwanzig Jahre später ging auch ich dorthin, zum Tanz. Der Mondscheinkeller wurde

Diskothek und hieß nun „Camera obscura". Und sie war langhaarig, berüchtigt und für viele obskur.

Meine Mutter nähte meiner Tante tolle Kleider, auch zum Tanzen. Geld gab es wenig, Talente viel. Meine Tante war immer prächtig angezogen. Kleidung war großes Thema in Nikitsch. Am Sonntag verwandelte sich die Hauptstraße zum Prêt-à-Porter, wo stolz präsentiert und Neues vorgeführt wurde. Kleider, Taschen, Mäntel, Hüte. Aus den Häusern wurde hinter den Vorhängen beobachtet: *Hast du gesehen, was Julka für eine neue Tasche hat?* Eitelkeit war am Sonntag keine Hauptsünde.

Anzug war für Väter und Burschen Pflicht. Als Hippie gab es meistens Streit, aber Jean ging nie. Eines Sonntags ging unser Nachbar Willi, ein Wiener Unternehmer, mit einer Jean in die Kirche. Diskussionen von vielen vor unserem Haus: *Willi, warum gehst du mit einer Jean in die Kirche? – Ich bin Unternehmer und trage die ganze Woche einen Anzug! Und weil der Sonntag was Besonderes ist, ziehe ich eine Jean an.* Die Erklärung passte. Zeit zum Mittagessen.

Nikitsch lebte Dialektik, Zusammenhalt und Wettbewerb. Wettbewerbe zwischen den Bewohnern gab es viele. Traktor, Ernte, Kleidung, Kinder, Frisur, Tanzen. Prinzipiell konnte alles Wettbewerb werden. Auch die Küchen. Küchen waren wichtig und groß. Viel Geld. Beste Geräte. Bestes Holz. Beste Fliesen. Allerdings, niemand kochte in diesen Küchen, sondern alle in einer Kuchl irgendwo hinten im Haus. Die Küche war zum Glänzen, zum Zeigen, zum Bewundern, nur nicht zum Kochen. Showroom auf Kroatisch.

Wettbewerbe gab es auch zwischen den Frauen. Frisur, Tasche, klar. Aber auch „Wen hast du lieber? Liz oder Burton? Bäumler oder Kilius? Soraya oder Farah Diba?" Das waren die Frauen des persischen Schahs, einer Yellow-Press-Marionette der CIA und mit gleichem, blutigem Terror wie die Ayatollahs heute. Der Schah verließ die eine, um die andere zu heiraten. Er gefiel weder meiner Mutter noch meinen Tanten. Aber Soraya und Farah Diba gefielen. Role Models bei Frisur und Taschen.

Wettbewerb gab es zwischen den Frauen auch um Männer. Naja, eigentlich nur um einen. Sein Name: Juri Gagarin. Der erste

Mensch im All. Er war Held. Er war fesch. Er lächelte viel. Er war Superstar und hatte Flair. Auch Mutter und Tanten diskutierten viel über die sowjetische Raumfahrt: *Wen von uns würde er heiraten?* Als irgendwer entgegnete, er sei doch sicher Kommunist, unterbrach Großvater: *Die Russen sind Slawen wie wir, er wird sicher auch ein guter Mensch sein!*

„Sveti Jandre"
und Schutzengel

Mein Großvater wurde liebevoll „Sveti Jandre" genannt – *heiliger Andreas.* Wir beteten jeden Tag. Mehrere Stunden. Wir beteten nach dem Aufwachen, vor dem Frühstück, nach dem Frühstück, vor der Jause kurz, nach der Jause mittel, Mittagessen, Abendessen und sicherheitshalber vor dem Schlafengehen im Bett. Wir beteten rund zwei Stunden täglich. Genauer gesagt: werktäglich. Sonntags beteten wir mehr und feiertags überhaupt. Karfreitag und Ostersonntag war es dann schon Schwerarbeit. Mit tausenden Stunden Gebet ist mir ein Platz im Himmel sicher. Ich habe sicher mehr gebetet als gesündigt. Leider.

Alleine Karfreitag dauerte die Auferstehung in der Kirche drei Stunden. Die Passion Christi wurde gesungen. Mit allen Personen. Jesus, Pontius Pilatus, Maria, Barabas, Magdalena. Nur Männer haben gesungen, manche hoch und manche tief. Nach der Auferstehung gaben Mutter und Tanten kichernd ihre Kritiken: *Der Tonac hat eine Frau gesungen ...* Tonac war Mutters Lieblingscousin. Ein fescher Cousin. Ein Lächeln wie Hugh Grant.

Wenn Nachbarn oder Freunde kamen, während wir beteten, bedeutete Großvater mitzubeten. Großvater war Respektsperson. Die Nachbarn wurden vorsichtig. Sie spähten vor dem Fenster in unsere Küche, ob noch Weihrauch in der Luft lag. Mutter verstand die Nachbarn. Mutter setzte sich mit Blick zum Fenster und falls wer kam, deutete sie ein wenig mit dem Kopf: *Geht, kommt später!*

Beim Kirchgang ging ich die Straße runter, bis zu Feris Haus. Dort rauchten wir eine Zigarette. Unsere ersten. Uns wurde schwindelig. Wir waren vierzehn. Die Marke hieß Kent. „Ganz in Weiß" und edel. Dann in die Kirche auf die Galerie. Links unten saßen die Frauen und die jungen Frauen. Rechts unten die älteren Herren.

Wir schauten meistens nach links. Manchmal knieten wir nieder und schauten dann wieder nach links. Bei mancher Schönheit schauten wir uns an. Unsere Mädchen waren sehr hübsch.

An der Rückwand der Kirche stand der Beichtstuhl. Ich war selten beichten, weil meine seltenen Sünden durch tausende Gebete gelöscht waren. Allerdings warnte Großmutter immer: *... falls wer zur Kommunion geht und noch eine Sünde hat, kann die Hostie in der Luftröhre stecken bleiben ...* Sicherheitshalber ging ich beichten. Eines Tages ließ der Pfarrer in seinem Beichtstuhl über beide Beichtfenster Plastikfolien spannen. Mit einem kleinen Schlitz rechts unten zum Durchreichen der Heiligenbilder, die wir bei erfolgreicher Beichte geschenkt erhielten. Der Pfarrer beklagte sich auf der Kanzel über häufige Alkoholfahnen bei der Beichte. Die Plastikfolien sollten ihn vom Alkoholgeruch der Beichtenden abschirmen. Männer gingen selten beichten.

Das Schönste am Gottesdienst war das Singen der Frauen. Natürlich laut und kehlig. Hunderte. Viele Kirchenlieder klangen überirdisch schön. Besonders schön war der Gesang bei der Vesper, der Vičernja, sonntags um drei Uhr am Nachmittag. Vesper war nicht Pflicht und das Fernbleiben keine Sünde. Zur Vesper gingen fast nur Frauen. An die dreihundert Frauen. Sie kamen, um zu singen. Die Frauen stimmten an und die Kirche hob ab und flog davon. So schön.

Als Kinder ging es nach der Vesper ins Kino. Viel Stan Laurel und Oliver Hardy. Oder Sindbad, der Seefahrer. Am Weg dorthin immer eine kleine Rauferei. Irgendwer immer auf halbstark. Das Kino endete dann in den Siebzigern. Zum meistdiskutierten Film wurde Doktor Schiwago. Gegenstand der Diskussionen war, ob die Szene mit einem nackten Frauen-Po die wichtigste im Film war oder nicht? An der Diskussion beteiligten sich eigentlich nur Männer.

Vis-à-vis vom Kino das Schloss der Familie Zichy. „Ungarisches Adel" aus „ungarisches Zeit". Bis 1918. Sie hielten unsere Großeltern wie Leibeigene. Kroatisch zu sprechen war verboten. Nur zuhause und in der Kirche durfte Kroatisch gesprochen werden. So wurden „Zuhause" und „Kirche" zentrale Stationen im kroatischen Leben.

Die Großeltern mussten auf den Feldern für den Grafen arbeiten. Großvater war Jahrgang 1900, Stara Majka 1902. Großvater arbeitete am Feld, daneben sein Freund, sie wechselten kroatische Sätze. Der Aufseher hörte und schlug sie mit einem Stock.

Später hieß ein Aufseher Franz Murer, 1934 bis 1938 Aufseher der Zichys. Glühender Nazi, vermutlich schon als Illegaler, ab 1941 NS-Gebietskommissar von Vilnius und später bekannt als „Schlächter von Wilna". Er ließ 70.000 jüdische Menschen im dortigen Ghetto ermorden. In einem späten Kriegsverbrecher-Prozess in Graz leugnete er alles. Und wurde freigesprochen. Die Zeugen wurden von seinen Söhnen verhöhnt. Ein Sohn wurde später Abgeordneter der FPÖ. Seine Ehre heißt Treue.

Die Grafen waren bei den kroatisch-sprechenden Menschen nicht sehr beliebt. Großvater väterlicherseits sang gerne ein Lied:

Es ist Samstag-Abend, Feierabend!
Ich bügle mein Sakko und meine Hose und geh feiern.
Mit Schampanja.
Und freue mich, nichts mehr dem Grafen abliefern zu müssen.

Eine Art Haushymne meiner Großeltern. Martin Jordanich, Archivar unseres kroatischen Lebens, hat Großvaters Gesang auf Tonband gerettet und mir für die beiliegende CD geschenkt.

Der riesige Grundbesitz blieb den Zichys auch nach 1921, als Westungarn endgültig Burgenland wurde. Der Zichy-Adel verarmte in den Sechzigern. Arbeit war nicht für Aristokraten. Sie mussten alle Ländereien verkaufen und gehen. Meine Eltern, mit Zimmer-und-Küche-Wohnung in Wien, sparten und kauften Felder vom Grafen. Ein Hauch von Aufstand wehte durch unsere kleine Wohnung. Zuerst ein mittleres Feld, dann ein großes Feld. Felder garantierten Überleben. Auch in der nächsten Generation. Die Familie des Grafen hatte in der Kirche eine Loge. Wenn die Familie die Kirche über die Loge betrat, mussten wir alle aufstehen. In den Siebzigern! Der ungarische Zichy-Adel verheiratete sich irgendwann mit dem belgischen Pfersmann-Adel. Die Ur-Ur-Enkelin war meine Kollegin an der Universitätsklinik. Mit Vera verband mich viel, sie stand gegen Rassismus, Sexismus und war sehr nett.

Und gemeinsam arbeiteten wir ehrenamtlich im Psychosozialen Dienst im Alten Spital von Oberwart. Vera führte im ersten Stock die Drogenambulanz. Ich daneben mit Sozialarbeitern die psychiatrische Ambulanz. Im Erdgeschoss eine Beratungsstelle für Roma.

Die Roma erhielten die Beratungsstelle erst nach der Ermordung von vier Menschen am Rande von Oberwart. Vier Männer gingen nachts nach Hause. Eine Banderole provozierte am Weg mit der Aufschrift „Roma zurück nach Indien!". Die Männer rissen sie ab. Es war die Zündschnur, sie löste eine Bombe und die vier Männer starben. Die „Endlösung der Zigeunerfrage" des früheren Nazi-Gauleiters Portschy erhielt ein weiteres Kapitel. Staatsbegräbnis in Oberwart, mit Präsident, Kanzler und Minister. Samstag-Nachmittag. Die Sonne schon tief. Inge schwanger und sehr gerührt. Vom Friedhof wehte die Musik der Samer-Band. Kein Mensch auf den Straßen Oberwarts. Kaum Oberwarter beim Begräbnis. Erst lange danach füllten sie die Straßen wieder.

Die Gräber der Nikitscher Grafenfamilie liegen im Wald, genannt Fenyves. Die Grabsteine der Aristokraten sind dreisprachig. Ungarisch, Deutsch und Kroatisch. Wenigstens darauf war Kroatisch erlaubt. Ein Waldweg verbindet die Gräber mit dem Schloss. Eines Tages wurde im Schloss ein Film gedreht. Von Volker Schlöndorff und mit Margarethe von Trotta: „Der Fangschuss". Ganz Nikitsch spielte mit. Als Helfer, Komparse, Handwerker oder mit Haustieren. Kamera-Teams brauchten Verpflegung und Unterbringung. Irma spielte eine lange Rolle als Küchenmagd und spielte sehr gut. Für kurze Zeit „Nikicitta".

Eines Tages schwebte das Gerücht, rund ums Schloss wird ein Golfplatz mit Hotel gebaut werden. Mit Japanern. So erzählte es der Graf. Er brauchte Geld für das Joint Venture und die Raika kreditierte. Meine Mutter war keine Golfspielerin. Trotzdem freute sie sich auf den kommenden Golfplatz und war sehr aufgeregt: *Rudi, hoffentlich führt die Straße zum Golfplatz über unser Feld. Dann sind wir reich.* Auch ich hoffte. Die Straße kam nicht, auch nicht über ein anderes Feld. Es gab irgendwann keine Japaner mehr und Zichy verließ Nikitsch, ohne die Schulden mitzunehmen. Out of Bounds.

Im Gebiet um Nikitsch standen viele Überreste der gräflichen Meierei. Hervorragend für Abenteuer-Spielplätze. Die Stallungen und Gebäude waren verfallen. Unheimliche Landschaft. Ihnen zu nähern, eine Mutprobe. Und wenn beim Gehen ein Ast krachte oder eine Tür krächzte, rannten wir schreiend davon. Dieses „Spiel" wiederholte sich monatelang. Wir kamen nie in ein Gebäude, weil immer irgendwer zu schreien begann.

Vierzig Jahre später entdeckten auch mein Sohn und seine Freunde dieses Abenteuerland. Nicht mehr Cowboy und Indianer, sondern mit Paintball und Soft-Gun. Tagsüber schnitten sie mit Rasenmäher und Trimmer eine Spiel-Landschaft durchs Unkraut. Nächtens mit Lampen und Lichtern dann Stein um Stein. Playstation live. Um ein Uhr früh kam Polizei. *Was macht ihr da? – Wir trainieren für das Bundesheer,* antwortete der Zivildiener. *Passt auf euch auf, das Grundstück gehört wem und das Betreten ist eigentlich nicht erlaubt.* Die Polizisten fuhren weiter.

Vis-à-vis von den gräflichen Resten gab es ein kleines, wildes und geheimnisumwobenes Waldstück. Die „Sitina", was immer das auf Deutsch heißt. Eltern wie Großeltern verboten uns, es zu betreten. In der Mitte sei ein Brunnen, in welchen Kinder beim Spielen schon reingefallen seien. Ein gefährlicher Wald. Natürlich interessant. Eines Tages machten wir Jungs aus unserer Gasse uns auf den Weg, um in der Sitina ein Baumhaus zu bauen. Fünf Stück Helden zwischen elf und vierzehn. Mit Axt, Schnur und Feuerzeug. Wir bauten das Baumhaus. Hoch oben. Wir rauchten Lianen. Und wir warfen mit der Axt. Alles ging gut und wir fanden keinen Brunnen. Am Nachmittag brachen wir zufrieden zum Heimweg auf und gingen über die Felder zur Straße hoch. Dieses Feld, gekuppt gegen die untergehende Sonne. Am Horizont tauchte ein Schatten auf. Zuerst ganz klein, dann ganz rund und dann hin und her. Der Schatten wurde Großmutter: Große Angst um ihren Jüngsten. Sie hat Brüder beim Spielen verloren. Fünf Jungs und Großmutter schaukelten über die Straße nach Hause.

Großmutter hatte oft Angst um mich. Sie tauchte immer wieder unerwartet in meinem jugendlichen Freiheitsleben auf. Mein

Cousin Manfred war schon in der Postpubertät und ich mitten drin. Samstagabend im Caféhaus. Karten. Spritzwein. Und zwei unbekannte Mädchen aus dem Nachbarort. Der Spritzwein gab Mut und ließ lachen, später Umarmungen und Küsse. Die beiden Mädchen waren ähnlich wie wir, die eine groß wie Manfred, die andere klein wie ich. Paše. Nach Mitternacht, beide ganz Gentleman, wollten wir die Mädchen nach Minihof begleiten. Schauen ging als leichte Doppelbilder. Und so sahen wir auf der Kreuzung vier Menschen. Zuerst klein, dann rund, dann nur mehr zwei und dann gefährlich: Mutter und Großmutter. Unsere Mädchen wollten lieber alleine nach Minihof.

Damals kreuzten zwei Entwicklungen oft mit einem tödlichen Ereignis. Die Zahl an Autos wuchs unter den Jungen. Und die Zahl an Festen wuchs für die Jungen. In der Nacht von Samstag auf Sonntag wuchs die Zahl an Unfällen. Und es wuchs die Zahl an Begräbnissen. Auch von Freunden. Wir haben viele verloren. Heute gibt es Disco-Busse und für unsere Kinder gute Heimkehr. Dafür danken wir.

Ich hatte weder Moped noch Auto und musste bei auswärtigen Festen immer Freunde finden. Einmal mit „Baby", Spitzname eines um einige Jahre älteren Burschen, der bei den jungen Frauen sehr geschätzt war. Ob seiner Sanftmut, wie auch seiner Erfahrenheit. Wir fuhren von Fest zu Fest und wollten von Kroatisch Geresdorf nach Lutzmannsburg. Zwei hübsche junge Frauen mit uns. Als die Wassertemperatur im Auto hochkochte, entspann sich leichte Dramatik. Motorhaube rauf, Keilriemen gerissen und Baby ganz praktisch: *Hat wer von euch eine Strumpfhose?* Eine der Frauen bejahte, Baby sagte *Bitte* und das Mädchen zog die Strumpfhose aus. Baby strangulierte Motor und Lichtmaschine. Und tatsächlich fuhren wir ganz langsam und gekühlt nach Nikitsch zurück. Nur die Phantasie blieb heiß.

Doch wir kreuzten auch richtige Babys nach nächtlichen Partys. Caféhaus-Peter und mir gelang nicht mehr rechtzeitig eine Rückfahrt von einem Fest nach Nikitsch zu gewinnen. So begannen wir vor dem Oberpullendorfer Spital mit Autostopp, mitten in der Nacht. Peters Haarpracht zwischen Jimi Hendrix und Angela Davis.

Meine lang bis zum Hosenboden. Dunkelheit. Auto. Scheinwerfer. Wenn sie uns sahen, fuhren sie schneller. Der Tag brach an. Auch da blieb niemand stehen. Plötzlich fuhr ein Auto aus dem Spital. Es blieb stehen, die Tür ging auf: *Steigts ein!* Felix aus Nikitsch erkannte uns und fürchtete sich nicht. Er war gerade Vater geworden und seine Frau Mutter im Spital. Wir gratulierten und freuten uns. Felix wohnte gegenüber von unserem Haus. Als ich ausstieg, sah ich die Vorhänge leicht zur Seite gehoben. Mutter und Großmutter. Die ganze Nacht.

Kindheit
und Küsse

In Nikitsch, in den kroatischen Dörfern, zählen die Kinder viel.
Und dürfen viel. Hauptsache draußen. Einmal ging es zur Wild-
schweinjagd, nach der Schneeschmelze, durch morastige Äcker in
den Fenyves. Wir versanken bei jedem Schritt. Unsere Stiefel blieben
stecken und wir halfen uns gegenseitig zum nächsten Steckschritt.
Wir kehrten ohne Wildschwein zurück, und ohne steckengeblie-
bene Stiefel. Verdreckt und geschlagen. Als wir ankamen, war die
Gasse voller Nachbarn. Alle um uns besorgt. Als sie uns sahen,
wurden wir abgebusselt und ins Trockene gebracht.
Wir bauten im Winter Iglus. Damals sammelten die Wehen den
Schnee am Ortsanfang bis zum Dach des ersten oder letzten Hauses.
Wir bauten riesige Höhlen hinein. Aus großen, festen Schneeziegeln
türmten wir Tische, Bänke, Bars. Hinein kamen auch Teppiche,
Kerzen oder ein Getränk.
Im Sommer bauten wir Holzhütten. Poli, damals vierzehn, war
ein Meister des Hausbaus. Ihm gelangen sogar einstöckige Hütten

aus Holz. Dort sammelten wir Quelle-Kataloge mit Schwerpunkt Damen-Unterwäsche. Wir beichteten die Sünden, obwohl wir keine fühlten.

Es gab Rivalitäten zwischen den Jungs im Dorf. Die Unteren gegen die Oberen und gegen die Seitlichen. So kam es zu einem historischen Duell im Winter, im Freien, auf Schnee, zwischen uns Jungs aus dem Oberteil gegen die Jungs aus dem Unterteil. Wir waren die oben am „Berg", aber wir waren leider nur sieben. Sie waren die unten beim Bach, sie waren siebenundzwanzig. Wochenlang bauten wir Pfeil und Bogen, aus Haselnussästen und Akazien und Schilf. Einen Bogen bauten wir so groß, dass ihn drei von uns spannen und zwei halten mussten, einer richten und einer schießen. Der Bogen war unser Meisterstück. Er war unbrauchbar. Die Schlacht war draußen auf den Feldern, verschneit und schön, es wog hin und her, je nachdem, welche Gruppe lauter schreien konnte. Es zeichnete sich kein Ende ab und langsam wurden wir hungrig. Die Entscheidung war große Diplomatie: Ein Köcher wurde hoch am Strohhaufen angehängt und die beiden Häuptlinge mussten einen Pfeil schießen. Gewonnen hat die Armee, deren Häuptlingspfeil näher am Köcher steckte. Wir gewannen. Unser Häuptling war Manfred, der Sohn von Tante Bözsi. Mein Kindheitsfreund. Außer wir stritten.

Manfred war auch der Sohn von Onkel Stefan. Onkel Stefan war ein Tausendsassa. Kirchenkantor, wundervoller Sänger, Bandleader einer Bigband, Sänger der Graničari, Baumeister und Frauenversteher. War Tante Bözsi egal. Und er war Fleischhauer. Von Zeit zu Zeit schlachteten wir eines unserer Hausschweine. Natürlich dramatisch, Schrei, Stich, Schüssel, sammeln, festhalten, drauflegen. Alles in Sekunden. Aus dem Blut wurden dank Onkel Stefan Blunzn. Aus dem Fett wurden Grammeln. Aus dem Fleisch wurden Schnitzel. Schon zu Mittag. Große Tafel im Hof. Bier, Wein, Ke-Li. Und Grammeln, Blunzn, Geschnetzeltes mit frischem Brot vom Zwei-Kilo-Brotlaib.

Onkel Stefan klärte uns auf, dass das Fleisch am besten direkt von der Sau schmeckt. *Im Tiefkühl zerstören die Eiskristalle die Muskelfasern und der ganze Saft mit Geschmack rinnt aus dem Fleisch. Und das Fleisch schmeckt dann nach nichts.* Alle nickten und das Schnitzel schmeckte noch besser. Sau, tanz!

Das tote Schwein wurde auf eine Hebebühne gehängt, geöffnet, geteilt und unter Leitung von Onkel Stefan ausgenommen. Diese Hebebühne aus Holz stand im Hof unter dem Nussbaum. Hinter dem Nussbaum unser Plumpsklo. Auch aus Holz, schief, mit Geruch. Tapeziert zum Windschutz mit Plastiksäcken der Düngemittel von BASF oder Hoechst. Bizarres Recycling. Eines Tages hieß es: *Onkel Mathe ist Dichter. Ein Gedicht von ihm hängt am Klo.* Ein Gedicht auf Deutsch. Alle wurden neugierig und gingen aufs Klo.

Meine Herren und Damen!
Bitte scheißen Sie mir nicht auf den Rahmen.
Scheißen Sie in die Mitte.
Das wär meine Bitte.

Einmal gelesen, nie mehr vergessen.

Am Abend klang der Schlachttag gemeinsam aus. Müde. Die Grammeln ausgekühlt, aber essfrisch. Das Brot noch weich. Es meldeten sich die ersten nachtaktiven Bauch- oder Gallenschmerzen. Aber vorher noch Tratsch und Witze von Onkel Stefan. Meist in Doppel-Conférence mit Onkel Johni. Wenn sie glitschiger wurden, wurde ich schlafen geschickt.

Eines Tages bekam das Image von Onkel Stefan Kratzer. Mit der Grenzöffnung nach Ungarn gab es eine zweite Welle der Landflucht. Alles flüchtete nach Ungarn zum Essen und Einkaufen und Friseur. Lebensmittel und Restaurants waren unerlaubt billiger als bei uns. Nikitsch wurde Gourmet. Samstag mittags Warteschlangen am Grenzübergang, Sonntag mittags noch längere. Heute kommen die Ungarn zum Einkauf oder zur Arbeit oder in den Kindergarten und in die Volksschule nach Nikitsch.

Der Einkauf in Ungarn überschritt meist die Grenze des Erlaubten. Nikitsch hatte eine Tradition des Schmuggelns. Eine gute. Im Zug von Sopron nach Deutschkreutz wurde versteckt und geschlichtet und Geschichten für den Zöllner überlegt. Manche ließen sich eine zweite Ebene im Mantel einnähen, dort schoben sie die Butter rein. Manchmal schmolz sie dann und der Mantel begann zu tropfen.

Onkel Stefan liebte Ungarn, es lebten dort viele Verwandte. Und er fuhr oft nach Sopron. Eines samstags kam er nicht wie geplant zurück. Unruhe. Er sei an der Grenze festgenommen worden. Bangen. Sonntag, nach glücklicher Heimkehr, erzählte er: *Ich war ihnen zu gefährlich. Sie hielten mich für einen CIA-Agenten.* Eh klar.

Onkel Stefan war Kantor und hatte eine wunderschöne Stimme. Eine Gesangsausbildung hätte ihn sicher auf die Bühnen von Opernhäusern gebracht. War aber nicht. Onkel Stefan war rund um Nikitsch ein Star. Er gründete und leitete mehrere Musik-Kapellen und Bands. Später gründete er mit Felix das Tamburizza-Ensemble Graničari. Sie nahmen eine Platte auf und die hieß „Okolo Fileža" – Rund um Nikitsch. Als heißer Turbofolk eröffnet das Lied die CD.

Das Ensemble Graničari wuchs und holte viele Preise für sein Können. Von Palma de Mallorca über Sankt Petersburg bis San Marino. Ein Spin-Off ist die Theatergruppe Nikitsch. Kazalisče Filež. So eine Initiative gab es schon zu meiner Kindheit. Im Winter war weniger Arbeit und zu Weihnachten kamen alle aus Wien. Die Theatergruppe half die Winterferien zu überbrücken. Die Kazalisče Filež erlaubten jungen Menschen im Dorf ein Theaterstück zu spielen, Schwänke verschiedenster Form. Doppelter Spaß. Das Stück und die Personen. Spielstätte war damals das Gasthaus Divos, unsere Krčma. Das Gasthaus hatte neben Wurlitzer und Natur-Kegelbahn einen großen Festsaal mit Galerie im ersten Stock. Bei einer Theateraufführung gehörte die Galerie der Jugend. Die Aufmerksamkeitsspanne der Jugend für das Stück war bescheiden. Dort war es ziemlich dunkel und die Galerie diente zum Flirten, Küssen und Berühren. So durfte ich als sehr junger Mann einem bereits älteren Mädchen über den bekleideten Busen streichen. Die Erinnerung an den Feinripp hat sich eingebrannt. In Wien davon erzählt, wollten alle Freunde auch nach Nikitsch.

Einmal gefiel mir ein Mädchen besonders. Auch sie war Doppelstaatsbürgerin, Wien und Nikitsch. Wir standen nebeneinander. Wir blickten uns an. Immer öfter. Wir gaben uns die Hände. Wir gaben uns einen Kuss. Und dann viele.

Absurderweise erzählte meine Mutter überall, ich lerne so fleißig

und habe kein Interesse an Mädchen. *Das hebt er sich für später auf!*
Wann immer wer fragte: *Rudi, hast du schon eine Freundin?* – und das
war dauernd –, antwortete Mutter statt mir: *Rudi lernt fleißig und hat
noch kein Interesse an Mädchen.* Das eine falsch wie das andere.
Hans Worgosch war unser Taxiunternehmer. Er fuhr einen Ford-
Transit, womit er acht Fahrgäste mit Gepäck von Wien nach Nikitsch
brachte. Die Besonderheit seiner Dienstleistung war, die Fahrgäste
in Wien bei der Wohnung abzuholen und sie in Nikitsch bei ihrem
Haus abzugeben. So sammelte er meine Mutter und mich ein. Er
setzte mich nach vorne zu sich, weil Burschen nach vorne gehören.
Und dann sammelten wir die anderen ein. Und plötzlich stand das
Mädchen von der Galerie mit Doppelstaatsbürgerschaft da. Wir
haben uns seit den Küssen nicht gesehen. Eigentlich kannten wir
uns nicht. Auch sie Fahrgast mit ihren Eltern. Worgosch bat sie
neben mich, weil Mädchen neben Burschen gehören. Wir erkannten
uns, und ich glaube, auch ihr Herz raste. (Hoffentlich.)
Worgosch machte einen Witz und fragte: *Rudi, hast du schon eine
Freundin.* Ich wurde rot und Mutter laut wie immer: *Rudi lernt fleißig und interessiert sich nicht für Mädchen. Das hebt er sich für später
auf …* Mir war so peinlich, so unsagbar peinlich, dass ich während
der ganzen Fahrt keinen Satz mehr wagte – was die Situation noch
peinlicher machte. Sie gefiel mir noch immer. Wir sahen uns nicht
wieder.
Auch im Frühjahr und Sommer überraschte uns die eine oder andere kulturelle Attraktion. Zauberer boten einen Bunten Abend
mit viel Zauber. Ich hatte eine Phase schrecklicher Angst vor Ge-
wittern. Und während der Zauberei des Zauberers begann ein hef-
tiges Gewitter über Nikitsch. Die Angst stieg in mir und ich rannte
nach Hause, in die Sicherheit meiner Großeltern. Beim Haus angekommen ergriff ich die Türklinke. In dieser Sekunde blitzte und
donnerte es fast gleichzeitig und drastisch. Ich zuckte, erstarrte,
wollte nicht sterben. Ich war unsicher, ob die Türklinke den Blitz
auslöst. Ich zögerte mit der Klinke. Nach einiger Zeit überwand ich
mich. Durchnässt. Wieder Griff zur Türklinke – und wieder ein Blitz
und Donnerbrechen. Im Dorf erklärten wir den Donner damit, dass

die Engel im Himmel kegeln. Das half mir nicht, ich vermutete eine Strafe Gottes. Nach einiger Zeit dritter Versuch. Und alles wieder. Ich gab auf und schrie und Großvater öffnete das Tor: *Warum kommst du nicht rein? Du bist ganz nass!*

Mit den Großeltern war es schön auf die Felder zu fahren. Wir fuhren mit den Kühen. Das geht sehr langsam. Am Weg gab es Wassertränken für die Kühe im Schatten von Bäumen. Es war ein anstrengendes, aber unaufgeregtes Arbeiten. Bei der Getreideernte waren wir oft acht Leute auf dem Feld. Vorne die Männer mit den Sensen. Sie schnitten gebückt und ohne Hast die Halme. Dahinter folgten die Frauen, sehr gebückt und ihre Sicheln sammelten das Stroh. Alle hielten den Takt. Wie Ballett. Das Stroh wurde zu Garben gebunden. Die Garben wurden zu Großhaufen zusammengestellt. Das war meine Aufgabe. Die Garben waren größer als ich. Das machte mich groß. Viele Felder waren klein. Der Nachteil vieler kleiner Felder war vermehrtes Fahren zu den vielen kleinen Feldern. So gab es von Zeit zu Zeit eine behördlich angeordnete Kommassierung. Mehrere Felder wurden zu einem großen zusammengelegt. Der Wert des Feldes stieg mit der Nähe zum Dorf, mit der Kürze der Wegzeit. Bei einer Kommassierung kommt es daher zu Verschiebungen, auch Ungerechtigkeiten. Manche werden insgesamt etwas besser liegen, manche etwas schlechter. Und „etwas" reichte schon. Manche fühlten sich verbessert, die meisten fühlten sich verschlechtert. Ein Landesbeamter leitete die Kommassierung, allein in der aufgelassenen Postfiliale. Er war dort so allein und so arm wie der alleinige Poststellenleiter zuvor. Manche Bewohner von Nikitsch forderten heftig Vorteile. Manche versuchten es mit Eiern und Speck, andere mit Drohungen. Meine Mutter, gerade Witwe geworden, ging mit mir zum Landesbeamten. Sie sagte: *Ich bin eine Witwe, ich kann Ihnen nichts geben.* Wir erhielten sehr gute Lagen.

Flucht
und Frieden

Viele unserer Felder grenzten unmittelbar an den Eisernen Vorhang. Nikitsch, ein leiser ruhiger Ort, lag am Ende der westlichen Welt. Manchmal hörten wir eine Detonation und sahen Rauch aufsteigen und dachten – Fluchtversuch? Mein Großvater grüßte freundlich die jungen Soldaten hinter dem Stacheldraht auf Ungarisch. Er erhielt Unfreundlichkeit zurück, auch auf Ungarisch. Großvater störte das nicht, es freute ihn, Ungarisch zu sprechen. Der Zug nach Nikitsch fuhr durch den Korridor von Sopron. Am Grenzpunkt stiegen auf jeden Wagon vier ungarischen Soldaten mit Maschinengewehr und besetzten den Ausgang. Mutter warnte immer: *Schau nicht beim Fenster raus, sonst schießen sie.* Manchmal fiel ein Flüchtling plötzlich aus dem Grenzstreifen auf unser Feld. Während wir dort arbeiteten. Einer hieß Janos. Voller Freude umarmte Janos meine Großeltern. Sie erklärten ihm, wo er sich melden soll. Die Flucht stand in der Zeitung. Und der Name Nikitsch auch. Wir waren gerührt.

Die Felder forderten Arbeit. Viel Arbeit. Bei der Ernte gab es Pausen. Die Stoppel der gemähten Halme wurden niedergetreten, Decken aufgespannt und Essen „serviert". Enziankäse sowieso, Wasser aus dem Plutzer, Tomaten aus dem Garten und Brot vom Zwei-Kilo-Laib. Weizen in Vergangenheit und Zukunft. Da saßen wir zusammen und genossen. Ruhig und entspannt. Feierlich vielleicht. Ja, ein bisschen feierlich war immer dabei. Und gebetet wurde vor und lange nach dem Essen. Die Garben wurden Fahrt um Fahrt nach Hause gefahren. Die Kühe langsam vor dem Wagen, die Erwachsenen seitlich zu Fuß, ich hinten am Brett, und die Landschaft entfernte sich mit jedem Schritt.

Wir fuhren die Feldwege zurück zum Haus. In einem Feld nahe am Ort senkte sich der Boden trichterförmig. *Wieso ist das so, Mama? – Die Senke stammt von einer Bombe,* sagte Mutter. Gegen

Ende des Zweiten Weltkrieges rückte die Front nach Nikitsch. Ein Flugzeug ließ die letzte Bombe fallen. Mehrere Felder trugen diese Narben noch Jahrzehnte. Und Jahrzehnte später – in der Psychotherapie-Ausbildung – sollten wir uns ein Bild einfallen lassen, um es mit unserem Leben zu interpretieren. Und sofort sah ich auf die Senke am Feld. Verletzungen bleiben als Narben.

In den letzten Kriegswochen hoben Großeltern und Mutter im Garten einen Bunker aus – als Versteck. Im Garten, in die Erde gegraben, mit Brettern abgeschirmt, mit Kukuruz-Stauden drauf. Drinnen eine kleine Kochstelle und Lebensmittel. Und gab es Fliegeralarm, zog sich die Familie in dieses Erdloch zurück. Ein Überlebensmittel.

In den letzten Kriegsmonaten kam nicht nur die Front näher. Die Nazis und die SS wollten uns zwar nicht „zurück nach Indien", aber „zurück nach Kroatien" vertreiben. 1942 begannen die Nazis mit der Idee zu unserer Aussiedelung. Große Angst herrschte im Dorf. Besonders gegen Kriegsende. Die „Endlösung der Judenfrage" und die „Endlösung der Zigeunerfrage" ließ sich auf die kroatische und ungarische Volksgruppe im Burgenland nicht übertragen. Das Hitler-Regime war mit den faschistischen Horthy- und Ustascha-Diktaturen in Ungarn und Kroatien verbunden. Die Nazis verboten zwar gleich nach der Besetzung kroatisch-sprachige Schulen und Einrichtungen, ließen uns aber am Leben. Als Slawen zählten wir zu den „minderwertigen" Menschen. Fünfunddreißig Millionen Menschen aus den slawischen Völkergruppen wurden im Zweiten Weltkrieg getötet. Gezielte Ausrottung slawischer und jüdischer Menschen im Osten sollte Deutschen Lebensraum bahnen. In die große Angst kam die Rote Armee und beendete die Diktatur. So leben wir weiter im Burgenland.

Viele erlebten die Rotarmisten nicht als Befreier. Und viele Rotarmisten verhielten sich nicht wie Befreier. Die Verrohung auf tausenden Kilometern voll Morden und Hungern ließ sich nicht abschütteln. Meine Mutter verteidigte mit dreizehn schreiend Tante Bözsi vor einem sowjetischen Soldaten. Onkel Daniel wiederum rief den Rotarmisten zu: *Es lebe die Diktatur des Proletariats. Auf Russisch!* Er konnte das. Der Rotarmist war kein Freund der Diktatur des Proletariats und Großonkel Daniel bekam einen Gewehrkolben.

Als der Jugoslawien-Krieg begann, öffnete sich Österreich. Es wurde viel geholfen. Auch im Burgenland füllten sich manche kinderlose Straßen wieder mit Kinderlärm. Auch in den kroatischen Dörfern. Flüchtlinge belebten die leerstehenden Bauernhäuser.

Ich betreute Flüchtlinge in Wien und Deutsch Schützen. Als Psychiater und Psychotherapeut sollte ich seelische Schmerzen bei Flüchtlingen lindern. Lächerlich, angesichts der Größe der Verbrechen. Die absurdeste Erkenntnis aus jedem Gespräch: *Sie sind genauso wie wir! Sie sind genauso angezogen, schauen genauso aus, sind genauso frisiert! Genauso!* Genauso könnte es uns treffen! Brandstifter und Mörder gab es schon. Vier Tote in Oberwart, Bomben auf Bürgermeister, Hochzeitsbüros und Pfarrer, Bomben-Attrappen auf den Kinderspielplätzen von Stinatz. Wieder galt: Bummsdernazl!

Sie mussten von einem Tag auf den anderen alles stehen lassen, und um ihr Leben und das ihrer Kinder flüchten. Aus unserem Nachbarland. 140 Kilometer von Nikitsch, näher als Sankt Pölten. Für uns – Vorfahrenland. Urlaubsland. Sportnation. Eine bunte Gesellschaft. Schön, wenn sie zusammengewachsen wäre, wenn sie nicht mehr nur bunt, sondern auch glänzend geworden wäre. Doch Jugoslawien blieb beim Bunt der Teilstaaten, der Teilarmeen, blieb multiethnisch. Das Erbe der schrecklichen Ustascha, die mehr als eine Million Serben, Juden und Roma ermordete, sprengte die Wirtschaftskrise in einen völkischen Bürgerkrieg. Wenige Brandstifter reichten für die alten Wunden. Jugoslawien zerfiel im Krieg zwischen den Teilrepubliken. Eine Botschaft des toten Jugoslawien an die Europäische Union!

Während des Krieges betreute ich ein Flüchtlingslager in Deutsch Schützen, im alten Zollhaus, etwas außerhalb des Dorfes. Eine gesamte Plastik-Fabrik aus Bosnien flüchtete ins Burgenland. Siebzehn LKWs mit allen Mitarbeitern, ihren Familien und wichtigen Maschinen. Die Maschinen wurden demontiert, in der Hoffnung sie im Irgendwo wieder aufzubauen. Vorneweg die Besitzer im Mercedes. In Kolonne fuhren sie von Bosnien durch Kroatien ins

Burgenland. Anfangs lief es gut. Die Kinder besuchten die Schule in Deutsch Schützen und freuten sich mit den einheimischen Kindern zu lernen. Doch dann brüllte Haider und im Burgenland bekamen Politiker Angst. Die Kinder durften nicht mehr in die Schule. Das Essen kam aus dem Gasthaus. Meistens Schweinefleisch für Moslems. 130 Leute in Untätigkeit. Lagerkoller. Depressionen. Selbstmordversuche. Selbstmorde. Ich soll kommen.

Es war Samstag-Nachmittag im Jänner. Kahle Bäume. Tiefstehende Sonne blinzelte auf den Schneeflächen der Felder. Grenzregion in Melancholie. Ich kam, trat ein, begrüßte und wurde begrüßt. Von rund siebzig Frauen. Wir saßen im Kreis auf einem Teppich und tranken Tee und die Sonne schien tiefer. Ich bat, mit der Ordination beginnen zu können, und ersuchte um einen Raum dafür. Sie nickten und führten mich in ein Zimmer mit Tischreihen, ähnlich wie Schulbänke. Ich solle warten. Ich erwartete Einzelgespräche. Ich ahnte nichts. Nach Minuten traten siebzig Frauen in schwarzen Kleidern und schwarzen Kopftüchern ein. Sie füllten die Bankreihen und schauten mich an. Mit den Augen, in die ich schon in Wien zu sehen lernte. Unfassbares Leid. Ihre Aura zerschmetterte mich. Ich fühlte mich völlig überfordert von der Größe der Erwartungen. Angst zu versagen, nichts zusammenzubringen. Ich wollte weg, weglaufen, „fliehen". *Ich geh, sie kennen mich eh nicht, bin ich halt weg. Sie kennen mich eh nicht.* Noch im versuchten Sprung begann ich zu denken und sah eine zusammenführende Gruppensuche, einen „Gesundheitszirkel". Mittels „Gesundheitszirkeln" begleitet unsere Firma IBG Betriebe bei der Suche nach Verbesserungen dank der Ideen der Mitarbeiter. Ich dachte, dieses Vorgehen zu übertragen. Wir schälten gemeinsam – in Englisch und Kroatisch – bis zur Dunkelheit drei Ziele heraus, die von allen gewollt waren. Ziele zur Selbstbestimmung und Eigenaktivität, Arbeit als Anti-Depressivum: Erstens Essen selbst kochen – und dafür eine Küche im Zollhaus gründen. Zweitens einen Gemüsegarten im Garten angelegen. Und drittens einen Kinderspielplatz mit Schaukel und vielem aufzubauen.

Ich überbrachte die drei Ideen meinem Gesprächspartner und Freund in der Landesregierung, Dr. Günter Engelbrecht. Ich bat ihn, uns bei der Umsetzung zu unterstützen. Er gab dem kaum Chancen. *Die FPÖ sitzt uns im Nacken!* Doch er kämpfte mit uns. Und es gelang ihm eine Starkstromleitung ins Zollhaus legen zu lassen und das Material für die Küche, für die Sportgeräte und für die Gartenanlage zu liefern.

Im Sommer fuhren meine Frau und ich neugierig zum Zollhaus nach Deutsch Schützen, um zu sehen. Heimlich. Und über den Zaun sahen wir Kinder im Garten. Auf einer Schaukel. Wir stiegen zurück in den Wagen und fuhren weiter.

Filež/Nikitsch – živiti i ljubiti na granici

Prevodio Joško Vlašić

Naše selo

Naša cesta

Naše majke

Ja sam se vozio s dvi kile teškim kruhom pod „brig" gori. Ta „brig" je bio brižuljak od pet metrov. Ali ditetu na Steyer-dvokolcu i s dvi kile teškim kruhom je vrijeda svaki brižuljak brig. Umoran predao sam orijaški hlib svojoj starojmajki.

Staramajka je odrizala landicu kruha. Namazala mašću, postrovašila paprikom i solju. Predala je kruh svojemu andjelu. Nje obraz je sjao. Kruh veći od mojih ust, veći od moje glave. Ja sam zagrizao, kruh je dušao, teplo, a mast se je talila. Ja sam se starojmajki zahvalio. Ona je sjala još svitlije.

Nosila je rubac. 1960. to još nije bila pokvarena tema. U našem selu je većina starjih žen nosila rupce. „Ti se rači?" pita staramajka. „Da, rači se!" Staramajka se je bliskala još jače. Moje selo je bilo većinom hrvatski govoreće. Zove se Filež. A po nimšku „Nikitsch", hrvatsko ime „Filež" dohadja iz ugarskoga. Susjedsko selo se zove Kerestur. Onde je prije živila velika židovska zajednica – Sieben-Gemeinde. Osamljen i slabo vidljiv cimitor još misli na nju. Ljetos u ljetu su se pri rušenju jednoga stana našli grobni kameni u fundamentu toga stana. Drugo susjedsko selo je Lučman. To je bilo utočišće za prognane protestante za vrime proturefomacije. Nedaleko odanle Longitolj, onde je okolo polovice stanovnictva pripadalo narodnoj grupi Romov. Drugo susjedsko selo Lučmana je Zsira, to leži u Ugarskoj. Gradišće je najšarolikija fleka u Europi. Do 1938. Od tada su dvi zvijezde nad Gradišćem potanule.

Hrvatski je lip, pjevajuć jezik. Ali pred svim i glasan. Hrvatska sela u Gradišću su glasnija nego druga. Po jačini glasa nas prepoznaju. Vičemo od stana do stana, prik ceste i od lapta do lapta. Još i larmu traktorov preobladamo glasom: „Dobro jutro! Guten Morgen!"

Pod večer se sastaju susjedi pred jednim stanom u svojoj cesti.

Stolce si zamu sobom. Spočivaju se. Sve udjelano. Kanu se viditi i veseliti jedan s drugim. Barem većina. Majka se je vozila svaki dan biciklom na cimitor. Na putu tamo je pozdravljala sve ki su pred stani počivali. „No, ča počivate?" „Da, počivamo!" odgovorili su sideće i smihajuć. Eho-prostorije su hrvatska izmišljotina. Jednoč majka zbog jačine glasa nije opazila rubni kamen i je zletila u zrak kot andjeo. Ali jedan andjeo čuvar ju je ulovio i joj dao spasti skoro neranjeno na zemlju.

Jačinu glasa je majka zela sobom i u Beč. Telefonirala je jako glasno. Tako glasno, kot da bi morala nadvikati udaljenost. Ona nije tribala telefona, imala je dost fonov u sebi. Na Filežu je vikala susjedu Ivanu prik ceste: „Na cimitoru ćemo si dat pometat med našimi grobi telefonsku vezu. Onda moremo od groba do groba telefonirat!" Ivan bi moju mat čuo i prez telefonske veze. Bili su prilično najbolji prijatelji. Ivan je umro. A drugi dan moja majka. Od nerazjašnjivoga krvarenja.

Po nje smrti rekli su susjedi: „Kad je Tilda htila dojt na Filež, znali smo da u našoj cesti počinje veselo vrime." U Filežu se je moja mat preobrazila u divojku, i kad je bila jur šezdeset. Šalila se je na sve strani. Puse. Štihljanje. Jačenje. Pohod ovde i onde. Pohodi odanle i odavle. Svenek jila na stolu. A navečer onda na cimitor.

Od crikve do cimitora krči se cesta kroz naš hrvatski žitak. Pri pokopu je cimitor tužan, ali drugačije već veseo. Pred velikimi svetki prčkanje s kantami i kiticami. Goruće sviće. Gakanje, smih, pozdravljanje. Zaman kriču grobni kameni „Počivajte u miru!" Pred Svimi svetimi i Badnjakom se kinču i polipšavaju svi grobi svih pomrlih. Zvečera svitljucka morje svić, čuda kitic i cvjetnih aranžmanov. Ugnuti se ovomu čaru nije opcija. Pozdravljanje sa svih stran, ponovno vidjenje, objamljenja i kuševanja. Bolesti se nabrajaju. Povidanje o dici. A majka gizdava sa svojim sinom, vidljivo za sve: Gospodin Doktor. I kot pedesetljetnoga me nje prijateljice još pozdravljaju: „Bud si ti Tilde dičak?" Filež, jur svenek matrijarhat.

Cimitor nosi socijalni ritual. Ljudi se sastaju, se razgovaraju i obavješćuju, dilu sve s jednim i drugim. Cimitor se širi daleko u sunčani zahod žitka. Najveći dio pinez na Filežu leži u filijali Raiffeisen-blagajne. Drugi

najveći na cimitoru. Grobni križi su dragi. Zaistinu dragi. Grobni križi su
za žive. Dokaz ljubavi k svojim, dokaz moći drugim. Mnogi si daju postaviti svoj grobni križ još za vrime žitka. Ča imaš to imaš, i tako imaš ča
od toga. Moja majka si je dala zagravirati svoje ime na križ mojega rano
pomrloga oca. Sa zlatimi slovami „Mathilde Karazman", svoj rodjen-
dan, jedna crtica, jedno prazno mjesto. Svojemu križu se je veselila.
Čistila ga je i gledala na svoje ime, onda čistila figuru Madone, a
onda čistila prazno mjesto. Gizdava je bila na svoj grobni kamen i
smirena.
Dala je i jasne instrukcije za svoj pokop. Ta mali škuroplavi. Bijel
ovratnik. Na lica malo ruža. Ne preveć, da izgleda naravno. A ja
neka nosim kravatu. I neka idem k frizeru. I svaki put je dala našemu
sinu pedesetku i mu pošušljala kot urotnica: „Kupi si lipu pratež za
moj pokop." Ljeta dugo je tako išlo. Novčanice su nastajale sve
veće kot i Nikijeva svist. Kad su iz bolnice nazvali da majka već
neće dugo živiti, se je Niki prvi k njoj pašćio. Oma i Niki su se jako
dobro razumili. Niki se je glasno smijao kad me je moja majka zvala
„domaćim tiranom". Kad sam se dovezao na pokop u selo po prvi
put prez moje majke, trefilo me je.
Moja žena i naš sin, mi smo sprohodili lijes do groba. Mnoštvo ljudi,
žalujuće žene i muški zbor. Prijatelji iz Hrvatske i Beča. A teta Katica
je pošušljala: „Kako ste lipi!" Mother accomplished. Sada je ležala
vizavi od Ivana.

Odonda „sami" u stanu. Majka je dala stari seljački stan staremajke i starogaoca novo izgraditi. Sve pineze zato si je prešporila kot samoskrbna službena. Ona je dala zidati. Niti prsta nije ganula sama pri gradnji. Po prvi put u Filežu. A k svemu tomu još i žena. Tim je pokazala sebi i drugim. Kot mlada majka je morala ostaviti domaći stan mojega oca. Bilo ih je preveć u stanu i ona premalo dobrodošla. Ljubavno vjenčanje je bilo rijetko i nepoželjno. A sada se je vrnula, kot jaka žena jakim nastupom. Zidala je pomoću prve graditeljice Gradišća. Dvi samosvisne žene. Mnogi susjedi su se s mojom majkom veselili. Dobar znak za cestu ako dohadja naraštaj. I starjih. Ali neki muži su se ćutili kot skopljeni. *Žena ka si da uzidati stan! K svemu tomu od graditeljice! Rani feminizam je puhao kroz našu cestu.* Neki muži su nastali odurni.

Planiranje je ostavila majka nam. Ili i ne. Nje nestabilnost bila je široka. Moja žena i ja smo kanili obdržati stari seljački stan i renovirati ga. Moja majka nije kanila staroga, nego uzidati vilu kot u „Dynastyju". S vodoskokom i balkonom, sa stupi prema cesti. U starom stanu je bila samo kuhinja sa spavaćom sobom. Za renoviranje bi još bili štala, škadanj i kamra, ali: „No pravoda, va kamri ćemo spat. Tako daleko ćemo još dojt! Ča ćedu si ljudi mislit prik nas?"

Imala je pravo. Mali seljački stan renovirati, u kom su imale živine već mjesta nego ljudi, to za majku nije bio znak napretka. U spavaćoj sobi smo imali dupljastu postelju, kanape, dva ormare i jednu peć. Kad smo bili u ljetu svi doma, smo većkrat spali još i sedmimi u jednoj hiži. Otac i ujča na tlu, stariotac na kanapeu, ujna, majka, staramajka i ja u postelji. Lipo je bilo i veselo. Dobro, molitve su bile dužičke. Jako dužičke. Ali i povidajke pak jačke. Zvećega smo jačili jačku s imeni od svih ki su nam napamet došli. Svako ime je završilo s dugim „O". Mama-oooo. Papa-oooo. Čim već nam je napamet došlo, tim duže i veselije je bilo jačenje. Konačno smo i predmete preuzeli u našu večernju molitvu.

U zimi smo imali orijaške dunje. Kot dica smo se zatapali u morju od perja. Vankušnice su imale našite inicijale moje majke. Ištafiranje se je vrnulo. Ako je bilo jako zima, je staramajka porinula vruć črip pod dunju. Staramajka je znala čuda medicinskih tajnov. Jednoč mi

90

se je pri igranju uvukao solidni špalj u palac. Odstranuti ga se nije ugodalo. Bolnica je bila daleko odaljena, a za transport samo krave na raspolaganje. Staramajkina tajna bila je paradajska. Razrizala ju je na polovici i obadva dijele omotala i pretisnula oko mojega palca. Rupcem je zavezala sve skupa u jedan monstruozni palac. „Ćeš vidit, zutra je špalj vani. Zutra!" Drugi dan jutro je špalj bio zaistinu vani. Ležao je u rupcu, a moj palac se je svitio čitovato. Bilo je tajnovito kako je dospio ta špalj iz mojega palca van. U svojem daljnjem žitku sam većrat imao pokuse sa špaljem i paradajskom, ali čudo moje staremajke se već nikada nije ponovilo.

Moja staramajka bila je mala, krugljasta, a znala je sve. Ona je kuhala, klala, ribala, tiglala, sadila, krmila, uzgajala, kosila, šila, strgala, rizala, kopala i bila je najbolja čuvarica. Najdraže jilo moje tete i majke su bili bučnjaki moje staremajke. Buče su rasle kot kolateralna korist u kukorici. U veži smo imali kaljenu peć. Nekoliki pleji su se pometali bučevimi traki i se dopodne porinuli u peć. Lipo rujsavi i ukadjeni bili su napodne gotovi. Bučnjaki. Majka i teta su se dale prik njih pune veselja. Onda su htili porizati bučnjake na kusiće i otprimiti je susjedom. Da kušaju. Pravoda su je svi hvalili. A kad su imali susjedi dan bučnjakov, smo dostali mi pun pladanj za kušati. I mi smo je htili jako hvaliti. Ali med nami rečeno, bučnjaki staremajke su bili pravoda najbolji.

Desetljeća kašnje su me pozvali u ORF-emisiju „Mahlzeit Burgenland". Sidro emisije je bilo jilo ko se neka „zame sobom". Ja sam si zibrao bučnjake – za starumajku i majku. U dani pred emisijom sam se nekolikrat vježbao. Razgovarao sam se sa sestricami i susjedami o začini. Napunio sam jednu torbu sa sirom, poribanom bučom, tijestom, mašću, solju i paprom i odvezao sam se u Željezno. Bio sam nervozan i pitao sam se kako će to sve biti u jednoj uri moguće. Organizator me je dočekao i me pripravio na emisiju. Konačno sam ga pitao: „A kade je veža? Kade morem početi s kuhanjem?" On se je nasmišio i rekao da moram povidati samo recepturu. Jedna buča je spala sa srca.

Postojalo je produktivno naticanje med ženami u cesti. Nevjerovatne majstorske jiliše su spekle i skuhale. I onda doprimile da kušamo. I danas još. Priznanje susjedov je kompenziralo nevidljivost u kuhinji. Nediljne maše su bile podiljene u ranu mašu u osmi i u kasnu u deseti ura. Pohod rane maše je „dozvolio" ženam biti jur zaranije doma u stanu da kuhaju. U tri ura su skuhale supu s prilogom, glavno jilo s prilogom i desert s dodatkom. Staramajka je htila zamisiti tijesto na supu sama. Porizala je tijesto nožem na tanke rizance. Muži su hodili u deseti k maši, na pomašnicu do dvanaesti, a potom domom k prostrtomu stolu. Sve na njem je bilo jednostavno i jednostavno dobro. Recepte su predavali od generacije do generacije, danas od gender na gender. I muži su počeli kuhati i pomagati ženam u domaćinstvu. Mi smo postali pravi muži.

Krušna peć je ličila na tabernakel u crikvi. Dvoja željezna vrata, ukrašena skovana i bliskava. U njem božanstveni bučnjaki, tanki kot oštije. Ili slanina, ukadjena, panonski prošuto. U kuhinji nismo imali čuda. Stol, stolce, šporet, Minerva-radio, križ s raspetim, kašnje i hladnjak i jedan kredenc s orijaškom ladicom za kruh. Tamo smo

stavljali ta dvi kile težak krušni hlib. Lipo je bilo ako su bili svi ovde. Kad je moja žena stupila u žitak moje matere i kad sam ja završio konačno univerzitet, odlučila je majka sa svojim našparanim novo zgraditi stan. Došao je bager i zrušio stari seljački stan. Zidine su bile još od ilovače i slame. Stan je skrsnuo, a s njim i tajni labor za kuhanje bučnjakov.

Gradjevinski plan za novi stan bio je kompromis, kompromis med majkom i nami mladimi. Kompromis je bio: novo zidanje stana – ali isto tako kot je bio stari stan. Dužička zgrada, velika ljesa, tri stupi, striha. A stari zdenac je ostao.

Zdenac nije bio svenek onde. Staristarji su ga dali novo zvrtati. Bivši zdenac je bio integriran u stenicu. Tako su mogli susjedi s puta vaditi vodu, a mi iz našega dvora. Zdenčeni oblok je otpirarao dvor prema cesti. Majki i ujči je to omogućilo veliko veselje. Otpirali su oblok i skakali prik zdenca. Nalet u dvoru, skok u višinu, spušćanje na puti. Prik dibokoga zdenca. Jur ončas su imali čuda andjelov ču-varov. Majka nije bila vrlo dite. Staristarji su dali zvrtati novi zdenac. Sada stoji stan pored zdenca. I na staroj pivnici. U pivnici su prije ležali i lagvi s vinom. Veliki, imali smo dva male vinograde, čuda djela. I ja sam pomagao. Va gori. Motikom sam ukapao halugu med trsi. Potom je stariotac špricao sve ča su BASF i Hoechst imali za trsje. Biološki onda još nije bilo. Komasacija nam je zela vinograde. Vino su načinjali sami. Tako se je i račilo. Pivnica je za nas dicu bila za vrime kipljenja vina prepovidana i svi su čekali napeto kad je stariotac išao kušati. Na strihi je stao velik lagav sa sprešanim groj-zem. Kad smo hodili mimo, smo htili pretisnuti sice u grojze, a mušt je htio dozvirati u staklo. Mi smo čudakrat išli k tomu lagvu. A kašnje k šturmu. Grojze je dospilo i Beč. U kafeckom koferu, obloženim papirom od novin. Divno grojze. Zbog manjkanja mjesta smo je htili uložiti na ormaru uz moju stelju. Kušanje pred spalom.

Novi stan smo perfektno spojili sa starom pivnicom. Inge, moja žena, je modelirala novi kamin i novi vrt. Majkinoga našparanoga je bilo dost za cijeli stan. Nastao je jako lip. Majka je bila zadovoljna i se je preselila iz Beča na Filež. Ali nek samo kratko, ar nije bila cijelo ljeto dobre volje. Pred svim ne u zimi. Činiti se veselom, dokle je vrime bilo tmurno, ju je preopteretilo. U zimi je stanovala u Beču, a u ljetu, kad je svitilo sunce, na Filežu. Werner je bio naš prijatelj. Bio je arhitekt. Naš budući stan mu je bio prvi. Sviti se bijelo s velikom plavom ljesom u elegantnoj liniji. Dah Grčke. Graditeljica je kritizirala bijeli stan, ar hrvatski stan mora biti šar. Čvrste farbe, kot temperamenat. „Bijeli su stani u nimški seli, ali ne u hrvatski!" Naš arhitekt se je branio da je študirao mnogo gradišćanskih stani. To je ali bilo u nimški seli. Tako imamo sada nimškogovoreći stan u hrvatskogovorećem selu.

Posvetili smo stan početkom ljeta. Cesta je bila glasna i vesela kot svenek. Susjedi Ivan i Rudi su zakopali na čast gospodarici stana majuško drivo. Došli su susjedi, obitelj, sestrice i bratići, prijatelji, došla je i naša stambena komuna iz Beča, naši prijatelji od pomašnoga stola u krčmi Grünauer, kolegice i kolegi iz uniklinike, Stefan Weber od grupe Drahdiwaberl i moj bend Bolschoi Beat. Čuda se je dogadjalo. Majka je razveselila svojim izvrsnim gulašom. Sestrica Renate je igrala Harryja Belafontea. Ona je bila aktivna u gibanju protiv aparthajda, a Harry je bio nje „hero". Kašnje sam ja bio Belafonteov šofer, pri bečkom koncertu za mir, za koga smo moja žena i ja djelali u organizacijskom timu. Ja sam vozio Belafontea, njegovu ženu i jednu senatorku iz SAD-a našom Ladom iz Sovjetskoga Saveza k Alfredu Hrdlicski u atelje. Belafonteova želja je bila pogledati Hrdlicskine Pasolini-skulpture. Alfred je razlagao i je donesao tri floše Stoličnaja vodke. Va uri su bile floše prazne. Sve tri. Ja sam Harryja Belafontea odvezao ponajzad u hotel. Trizan.

Mirovni koncert se je bliskao pun zvijezdov: Heller, Ambros, Belafonte, Schönherr i ... hrvatski tamburica-ansambl iz Cindrofa. Gradska dvorana se je odzivala po hrvatsku. Bio sam jako gizdav. Mi smo bili pri najboljoj stvari na svitu med prvimi. Tamburica mi je bila jako tudja, a ipak tako bliska. Ja sam na svoju narodnu grupu bio svenek gizdav, osebujno kad se je izrazila protiv rasizma, fašizma ili naoruživanja. Moja majka se je plakala, a ja s njom, kad je čula i vidila Willija Resetaritsa sa svojom materom jačiti jačku „Lipo ti je čuti" na bečanskom Heldenplatzu pri demonstraciji protiv Schüssel-Haider-vlade.

Na večer posvećenja stana je bio Eurovision Song Contest. Načinili smo veliko U sa stoli u vrtu pred našim velikim orihom. Črno-bijeli televizor je bio dosta mali. Komentiralo se je sve, ča je bilo vidljivo i za čuti. Za nami susjedi, naše seljakinje i seljaki, oni su ljubezno gledali čudnovitu mladinu. Bio je lip večer. Drugi dan se je Stefan zbudio i došao u novom stanu po štiga doli. Zdola stala je moja mat s 40 stakalj slivovice na tabletu. „Pijte, gospodine profesore!" Odbiti nije bilo moguće. House warming po hrvatsku.

Zidanje stana je teško. Osebujno za djelače. Gradjevinsko djelo izaziva žaju. Oni su tradicionalno ugašali žaju. Pri tom su nažalost pozabili da ide granica našega grunta nahero i su uzidali zid ravno. Tako je nastala puč med stanom strine Marge i strica Johnija i našim. Ta puč je ostala otprta tako da se je razvio promet med vrtljaci. Tiho pravoda nije išlo. Stric Johni je bio jedan od veselijih. Ljubio je moju mat. A ljubio je i piće. A sa Stefanom Weberom je curio i humor po grlu doli. Stand up sidje.

Stefan je ljubio Filež i moju mat, a moja mat je ljubila njega. Obadvimi su živili u kotaru Margarethen. Kad su se pri kupovanju htili strefiti, su se sjeli na klup. Na pozornici je Stefan bio humanistički provokater, muzički ogranak bečanskoga akcionizma. Onkraj pozornice je bio najljubezniji člověk. On je rado dohadjao sa svojom ženom Ilsom na Filež. Jednoga večera zavikne susjed Rudi prik plota: *Dojdite prik, vo morate vidit!* Štefan i ja smo prošli k susjedu i *Josef nam je pokazao dva metre velikoga soma koga je bio ulovio još po danu.* Mi smo se čudili ribi, izminili nekoliki riči i prošli. Drugi dan me je zvao susjed Rudi k sebi: *Reci, nije to bio Stefan Weber od Drahdiwaberlov?* Do današnjega dana me mladi Filešci spitkuju zbog Drahdiwaberlov. Nijedan od njih nije doživio niti jedan koncert, ali priča o grupi živi dalje. Njevo ime i danas ima još ča dobroga. Kip slobode. A Stefan je ljubio Filež.

Stan prelazi odmah u vrt. Nakraj vrta rasao je prirodan plot od grmlja i kića prez gatric. Tako se je vrt razlikovao od lapat. Kroz prirodan plot se je moglo stupiti u naš vrt. Jako rijetko je to bilo, dokle nisam postao psihijatrom. Onda već nije bilo rijetko. Pohodi kroz plot su se pomnožili.Psihijatrov nije bilo dosta. Ti su još bili tabu. Tako su ljudi išli k materi, a došli su k meni. Mojoj majki su rekli: *Nam Rudi more pomoći?* „Sigurno more. Nek dojdite. Mer je inako doma!" Za mene je to bilo okay, ali konac slobodnoga vrimena. Majka je uživala svoju novu važnost. Moja majka se je sprobirala i kot vračiteljica. Jednoga dana sam opazio da je svojim prijateljicam dala Tranquilizer sobom. „Reci, ča to djelaš? Ča daješ medikamente dalje?" „Ja sam majka vračitelja. Ja to smim!"

Moja mat je moju ženu uključila u svoje srce. Od svega početka. I obratno. A susjede su imale i imaju moju ženu još svenek jako rado. I obratno. U hrvatskoj općini se manjkanje oholosti visoko cijeni. „Tako spametna, ali uopće ne gizdava!" Mi smo gizdavi, ali ne oholi. Barem većina u našem selu ne. I tako je Inge od svega početka bila jedna od njih.

Dobro, kulturnih razlikov je bilo. Susjede su bile seljakinje. Čuda tjelovnoga djela. Većinom s alatom u ruka. Ili domaćom životinjom. Ili mašinom. Vidljivo, kad se ča djela. Ali Inge je sidila pred nekakovim „televizorom". Televizija je slobodno vrime, ne djelo. Zato se je onda odmah s njom klandralo. Stoprv kašnje su upametzele da je televizor kompjutor i da je siditi pred kompjutorom priznato djelo. Inge je bila zadovoljna. Multiethnic workplace.

Naša cesta je ostala vesela i glasna. A čisto najpr Tante Bözsi. Bözsi je nadimak za „Elisabeth". Tante Bözsi se je zvala Kelemen, i to je ugarsko ime. Gradišće je hrvatsko, ugarsko, romsko i nimško. Samo još nek malo „jidiš". Mi smo čuda čega. A Tante Bözsi se je zvala Kelemen, kad se je odala za Onkel Štefana.

Tante Bözsi je bila jedna od prvih feministkinjov. Barem za mene. Ona je kurila. Čuda. S dužičkim špicom. Čudakrat prez filtera. Čudakrat fečke. Fečke je po ugarsku i znači „lastavica". Tante Bözsi je dostajala fečke-cigarete s onkraj željezne granice od svojih rodjakov u Ugarskoj. Ako su smili dojti na pohod. Dohadjali su sve gušće. Kašnje smo se mi revanžirali i navalili u šopronske restorane. Krčmam na selu su ostali još samo veselja i pokopi. Od četirih krčmov je ostala jedna, u susjedskom selu nijedna. Tante Bözsi se je ekstravagantno ponašala. Bila je velikodušna i vesela, govorila je čuda o seksu, svadjala se je sa svojim mužem glasno, a u crikvu nije hodila nikada. Nijedan joj to nije zamirao, iako su svi drugi išli u crikvu. Još i većkrat u danu. Bözsi nije ni molila. Barem ne na van. Moja obitelj je molila med dvimi i četirimi urami dnevno. Moja majka i moje tete su ju ljubile. Nje muž Štefan je bio kantor u crikvi. Kada-tada se sa svojim mužem već nije pominala niti riči. Tiglala i kuhala je za njega. Ali prez riči. Jednoga dana je čim-tim proigrao kod nje. Za moju promociju je čestitala Tante Bözsi mojoj materi, a ne meni: „Veselim se s tobom. Ar ti sama si mu omogućila študijum. Filež živi od jakih žen."

Tante Bözsi je ljubila glasnoću kot i moja mat. I kad su stale jedna pred drugom, su govorile jako glasno. I u ufanju da će ih biti sve već. Pred svim smijale su se jako glasno. Na obloku je moja majka vikala Tante Bözsiki prik, ar gramofon je spolom igrao. Glasno. Većinom Royja Blacka. Tante Bözsi je ljubila Royja Blacka. Čuda žen u našoj cesti je ljubilo Royja Blacka.

Da more slušati svenek Royja Blacka, si je kupila Tante Bözsi magnetofon marke Stuzzi. Prvi gramofon nadaleko i široko. U ljetu pri sunčanom vrimenu i otvorenom obloku za cijelu cestu: Roy Black. A žene su jačile čisteći obloke: „Ganz in Weiß". Traktor je zašebetao u meki glas Royja. Bilo je lipo ljeto.

Za snimanje Royja Blacka se je tribao televizor. Tante Bözsi ga je imala prva nadaleko i široko. Otpodne smo smili kod nje gledati televiziju. Letili smo raketom Orion k Evi Pflug i kabriom k Emi Peel. Koč-toč smo smili i zvečera. Kad je bila emisija „Der goldene Schuss" i je nastupao Roy Black je Tante pišćala „Pššššt!", a kćer Elisabeth se je postavila s mikrofonom pred zvučnik televizora. Pretisnula je dvi gumbe Stuzzi-mašina i stavila prst pred usta. Mi se nismo ufali niti odsapati.

Moja sestrica je stala u noćnoj košuljici pred svitlim ekranom. On je svitio i kroz nje košulju. Ženska kontura se je tamno vidila. S čuparkom rudih kosmari. Postao sam fen Royja Blacka. Moja sestrica se je opet sjela uza mene, a moja ruka je posegla pod nje košuljicu. Ali nažalost samo kratko.

Tante Bözsi je bila jako dobra s Tante Micikom, našom drugom susjedom i tetom u drugom ili tretom koljenu. Tante Mici je bila društvena dama u jednoj bečanskoj obitelji. Ona nije bila seljakinja, a nje stan je bio elegantan i lip. Imala je chaise lounge. Pisala je strani dužičke pjesmice s rimami ke smo si medjusobno preštali. Mi smo se divili rimam i smo ganjali kako se rimuje. Rime su bile po nimšku. Iz Beča je doprimila Tante Bözsiki koč-toč ilustrirani magazin „Sexy" na Filež. Tante Mici je bila sedamdeset ljet mlada. Tante Mici i nje sestra Tante Rozina su živile skupa u susjedskom stanu. Koncem 1920-ih, početkom tridesetih su iznajmili svoj stan jednoj obitelji iz Beča. Vračiteljska obitelj na ljetovanju. Bila je to židovska obitelj s nekoliko imanja i čuda elegancije. Ostali su u ljetni miseci. Moja mat je bila tri ljeta stara. Dokle su se moji staristarji vozili kravami na lapat, je bečanska obitelj oblikla mojoj majki novu pratež. Dražesna oprava. Kad su moji staristarji došli kravami s lapta, čekala je moja mat lipo spucana pred stanom. Staristarji ju nisu prepoznali. 1937. je ljetovanje prestalo.

1995. sam osnovao u bečanski bolnica inicijativu „Najprije člověk – personal bolnic protiv mržnje prema tudjincem". Kot prevenciju protiv rasizma, ki je bio zbusnuo ovput kod FPÖ-a. U naši bolnica djelaju ljudi iz sto nacijov na dobrobit ljudstva. Oni tribaju dobre životne i djelatne uvjete da moru dati svoje najbolje. Rasističke strelice su otrovale i bolnicu. Duši iz Beograda je došla na neurologiju u AKH. Duši je bila jako kompetentna i snažna i prema meni. Jako ljubezno se je skrbila za jednu starju pacijenticu. Ta je opet ljubezno rekla k Duši: „Bud, Duši, mi imamo preveć stranjskih u Beču." FPÖ je prouzrokovao čuda ran. Bolnica je postala sve već zbantovnica. To sam kanio preminiti.

Organizirali smo konferenc-seriju s naslovom „Multiethnic-Workplace", o poslu, ravnopravnosti i integraciji u šarolikom personalu: „Djelo skupa živiti!" Na preporuku vicerektora univerziteta za gospodarstvo smo pozvali na konferenciju jednoga profesora s „London Metropolity University", profesora Yochanana Altmana. Medjunarodno poznata ličnost, savjetnik velikih poduzeć za integrativni razvitak poduzeća. Managing Diversity smo to počeli zvati. Dan pred konferencijom smo ga pozvali na vičeru. Jako ugodno je bilo i on nam je povidao kako je njegov stariotac pred nacizi 1938. ljeta pobignuo iz Beča u London. I nikada već nije kanio u Austriju. I njegov otac je obašao Austriju. Profesor Altman je postao gost-profesorom na bečanskom WU-u i je čudakrat došao.

Ja poznam Filež! Preštao je moju biografiju. Onde je naime stalo da mi je rodno selo Filež. To nije moguće. Nisam mogao vjerovati i sam mislio na neko zamjenjivanje. Odgovorio sam: *Ne, ne vjerujem da Vi poznate Filež. To je vjerovatno neka zamjena. „Ne, ne, to nije zamjena. Ja poznam Filež."* Ljudi ki su moju majku kot malu divičicu tako lipo oblikli su bili njegovi staristarji, ki su bili kod nas u ljetu na ljetovanju. Oni su svako ljeto doprimili sa sobom dare, lutke za majku i labde za nje brata, mojega ujču.

Nikitsch je nimško ime mojega sela. Po hrvatsku se zove Filež. Filež opet je ugarsko ime. Tako je Gradišće. Pogranične regije su bile prez granic i su bezgranično pomišane. Naš tančeni i tamburaški sastav se zove „Graničari" (ljudi uz granicu). Do 1921. je bio Filež dio Madjarske. Moji staristarji su pohadjali ugarsku osnovnu školu. Doma su većkrat govorili po ugarsku. Pred svim onda, kad su kanili da je ja ne razumim.

Moja majka je još znala malo ugarski. Naučila me je „szép kislány" – snažna divojčica. I „igen" – da. Ja sam još i jedan dijalog znao igrati po ugarsku.

Pitam svoj vizavi: *Govorite ugarski?*

Ako moj vizavi odgovori: *Da.*

Onda morem reći: *Ja ne razumim. Nem tudom.*

Smisao toga dijaloga se pravoda čini malo sumnjiv.

A majka me je naučila rič „Irkototto" – pernica. Ja sam čudakrat kanio brilirati svojim znanjem ugarskoga jezika i sam ubacio „Irkototto" kot as u razgovor. Ali nigdor nije poznao te riči. Ta ne postoji, su rekli. Jednoga dana sam ali našao jednu drivenu pernicu u šopronskom izlogu s upaljenim natpisom „Irkototto". Majka je išla u školu u vrimenu kad su pernice još načinjali od driva. U vrimenu kada je bio boj.

Pri moji prvi pohodi u ugarski seli me je fascinirala sličnost s mojim Filežom iz ditinstva. Livo i desno kraj ceste jarki. Prez trotoarov. Prizemni stani. Čuda gusak. Ja sam se ćutio onde tako jako doma

da sam morao zminiti po dvi ljeti svoj pasoš ar je bio pun pečatov.
Pun ugarskih pečatov.

Moji staristarji su čudakrat govorili po ugarsku. I jačili po ugarsku. I
moj stariotac rado sa svojimi tovaruši nedilju na krčmi. S kartami u
ruka i krljačom na glavi. Za jedno staklo vina ure dugo. Igrali su se
i jačili istovrimeno. Kad sam se u jednom pionirskom logoru DDR-a
naučio ugarsku narodnu pjesmu „Az a szép" i po ugarsku doma
zajačio, se je staramajka divila: „Sada si i jednu hrvatsku jači!"

Doma smo za vrime mojega ditinstva govorili samo po hrvatsku. S
nimškim su se onda još svi jako teško. Ja nisam poznao niti znao
nimški. Kad sam došao s četirimi ljeti u Beč u čuvarnicu, nisam
znao ni riči po nimšku. To je bila katoličanska čuvarnica, a ja sam se
dva tajedne dugo plakao. Onda me je moja majka zela iz čuvarnice
van. Po djelatniki me je otprimila k jednoj ženi iz Fileža u treti kotar.
Tamo je već hrvatskih materov otprimilo svoju dicu. Pred početkom
posla. Mi smo doživili Beč kot paralelnu zajednicu. Dobro na tom:
paralele se nikad ne križaju. Po ljeto dan sam govorio nimški. Pitao
sam svoju majku većkrat. *Odakle sam se nimški naučio?* Ona mi je
razlagala: *I ja ne znam, ali najednoč si znao nimški!* Tako funkcionira
razvitak.

I naš sin je išao u čuvarnicu, zaran i rado. Slučajno je njegova od-
gojiteljica bila iz Frakanave, jednoga sela blizu Fileža. I ona je bila
Hrvatica. Kad smo ju strefili na kiritofu u Frakanavi, nas je predsta-
vila svojim roditeljem. Nje otac je to kanio. On nam je kanio samo
reći da je moju starumajku dobro poznao.

Morebit je moj spontani nimški imao vezu s novom čuvarnicom ka
je slišila „Kinderfreunden". „Dičji prijatelji" – naziv pun obećanja.
U ovoj čuvarnici sam bio rado i s drugimi. Moju frizuru je priredio
svenek moj ujči u Filežu. On je bio djelač, a u „slobodnom" zvanju
frizer-laik. Već laik nego frizer. I moj stariotac je bio frizer-laik. On
se je već špecijaliziao na stare muže, a moj ujac na starje muže.
I na mene. Stari muži su si došli k nam rizati vlase. Ne da je bilo
toliko za rizati, već za govoriti. Stolac su postavili na dvor, obisili
okolo njega ručnik. Češalj, škare i rizanje. Kruglo ili naglo gori. Kad
sam došao u Beč s porizanimi vlasi, su se u našem stanu Bečani

čudili mojoj frizuri. Ali kot dite nisam bio ohol. Nek jednoč mi je bilo neugodno. Kad sam stupio s ujčinom frizurom u čuvarnicu je Tante Emmi zaviknula prestrašeno: „Za ime Boga, Rudi, ča su vo s tobom stvorili?" Danas čuda mladih ditićev ima takovu frizuru.

Čim sam postao starji, sam prepoznao kako važni znaju biti vlasi i počeo sam je braniti. Svaki put kod frizera sam rekao: *Nek malo odrizat!* Dob Beatlesov. *Prosim, nek meru!* Ali svaki put sam bio kratko pošiškan. Razvio sam tešku averziju protiv frizerov. Stoprv kašnje sam doznao da je moja majka prošla svenek pred manom k frizeru i mu poručila: *Danas će dojt moj sin, prosim, porižite ga kratko!* Dvajset ljet kašnje, kod frizerke mojega povjerenja: *Prosim, nek malo porizat.* Opet je bilo već. Stoprv kašnje sam doznao da je moja žena zadnji put kod frizera …

Za vrime puberteta su mi vlasi zrasli do pasa mojih džinsov. Ja sam je nosio jako gizdavo i jako dužičko. Jednoga dana je to i moja majka akceptirala. Ja mislim da joj se je to vidilo, ar čuda od mladosti nije imala. I moji staristarji su akceptirali. Poluteškoga srca, ali nukić je bio andjeo i tako. Ljudi u cesti su akceptirali. Nikada se nam s dužičkimi vlasi nigdor nije rugao u hrvatski seli. Nikada ne prepovidao pristup u neki lokal ili grožnja s malim Hitlerom. Mladinu su visoko cijenili. Mi smo imali bolji svit.

S osamnaestimi smo se vozili interrailom kroz Europu – do Ceuta u sjevernoj Afriki. Samo da moremo reći: „Mi smo bili u Afriki!" Da moremo reći tu rečenicu, smo se vozili tisuće kilometre, a ostali smo tri ure onde. Pinez smo imali kumaj ter smo morali domom. Kroz Europu do Kerestura. Na kolodvoru prez groša. Šofer poštanskoga busa me je ipak zeo sobom i me sklao pred našim stanom. Kot svaki večer su bili i onda svi susjedi vani pred našim stanom. Kad sam stupio iz busa, bilo je jur skoro škuro. Dužički vlasi, džinsi, škuro požgan, u marokanskoj-kaftan-košulji i sa šatorom na hrbatu. Nigdor me nije prepoznao. Prestrašeno su svi gledali tudjega divljaka. Samo polako je shvatila moja majka: Moj sin! Po prvom šoku vrnuli su se veselje, glasnoća i objamivanja.

Večernji sastanak pred našim stanom je bio ljeta dug. Osnovni modul je bila jedna klup. Sastojala se je od dvih Ytong-ciglov i jedne drivene grede iz staroga stana. Mjesta je bilo za tri peršone. Drugi su si doprimili svoje stolce. Navečer su se sastajali učitelj, seljakinje i Bečani, a dica s badminton labdicom i dvokolcem. Moj stariotac Jandre i učitelj Štefan su bili intelektualci naše ceste. Jedan seljak, drugi bivši duhovnik, a kašnje učitelj zbog ljubavi k svojoj ženi. Stariotac i učitelj su politizirali. Veliki razgovori o povijesti i svitu. Humanistički diskurzi. Učitelj Štefan je pomagao preživiti prognanim ljudem za vrime nacionalsocijalizma. Shranjenim u noći i lozi. U zori se je stariotac s majkom vozio kravami na polje. Učitelj Štefan je stupio iz loze, pozdravili su se, i znali.

Svakidašnjica, moda i klandranje su bile teme svih drugih navečer. Zvećega jako veselo. Ujči Johni nas je učio kako se uspješno ubijaju komari. Dao se je komaru sjesti na svoju ruku, dao se je ubosti i čekao je dokle je počeo sisati. A onda: pač! Ča je kraj je kraj! Mi smo se čudili ujči Johniju za svoju srbečicu.

Mi dica smo bila iz stani naokolo. Igrali smo se badminton ili nogomet ili kružili elegantno biciklom. Sve na cesti. Ako se je dovezao traktor, ugnuli smo se. Kad se je dovezao kombajn, ugnuli smo se i krešćali: „Ognjeni!" Ognjeni, ki se ognjom bacaju. Kombajni su bili ča novoga. I veliki su bili. Tako veliki kot većina stani. U noći je svitilo čuda svić, reflektorov i žmigavcev na nji. Vozeća božićna driva, mobilni vatromet.

Jednoč smo mi dica išla zvečera mimo gmajnske štale, ta je bila nasred sela. Gledali smo prik stenice i vidili smo krave, kako je jedna na drugu skakala. Nekoordinirano i smišno u jednom. Mislili smo da se turnaju. Nismo još ništ znali o gojenju, bika i živina. Fasciniralo nas je, kako su se te orijaške živine jedna prik druge nastavljale. Kot u cirkusu. Išli smo dalje i došli do ljudi pred našim stanom. *No, kade ste bili? – Kod gmajskoga stana, kade smo gledali kako se krave turnaju.* Dug i glasan smih. Tako funkcionira prosvićivanje.

Oganj u selu

Žatvena zahvalnica

Napredak

Moji staristarji uživali su u našoj cesti visok ugled, i u selu. Bili su poslidnja seljačka obitelj ka se je vozila kravami na polje. Traktora nisu imali. Dica se nisu kanila baviti seljačtvom. Kad su dokonjali seljačtvom, pisale su Hrvatske Novine u naslovu: „Poslidnji kravari idedu domuon!" Ganutljivo zbogomdavanje, napisano od učitelja Štefana. Hištvo mojih staristarjih nije počelo ljubavnim vjenčanjem, nego bilo je aranžirano, kot skoro sva hištva. Mladi ljudi su se ufali da će biti dobro. Ufanje zaručnjov je bilo da bude barem ljubezan. Mojim starimstarjim se je ugodalo, staramajka darovala je trojoj dici žitak, a stariotac živio je svenek s respektom prema njoj. Ja sam je gledao svenek kot ljubavnike, stoprv kašnje sam dočuo o njevom aranžiranju.

Jedan jedini put doživio sam strašnu svadju, prouzrokovanu slomljenim slivovim kićem u našem vrtu. Stariotac napomenuo je usput da smo mi dica pri igri odlomila kiće dvojih driv. Ja nisam bio. A majka, gizdava na mene kot svenek, bila je jako zbantovana. Zapokala je kofer, mene zgrabila za ruku i ponajzad u Beč. Majka je prošla s manom na autobusnu štaciju, čvrste odluke otputovati. Kad smo stali i čekali, vidili smo starogaoca. Došao je i se oprostio kod svoje kćere za predbacivanje. Velik čin za njegovu generaciju! Ostali smo.

Vrt sa slivovim stabaljem je bio odzad za jednim velikim slamnim rakašem koga smo pri mlatenju nagrnuli, a odnašali na sve druge dane u ljetu. K svinjam ili kravam. Kombajni su mlatenje doma zaminili. Mlatenje doma je bio poseban dan. Za nas dicu. Za odrašćene pun teškoga djela. Naporan i pogibelan, pokidob zvećega na punom suncu i pod velikim pritiskom. Jutro se je dovezao traktor s mlatilicom na dvor. Remen je povezivao tukajući traktor s mlatilicom. Snope su razrizali, a slamu s klasom su porivali u mlatilicu. Žito je curilo na strani u vriće, a odzad se je dorivala slama povezana u purte. Te su onda ulagali muži u visoke slamne rakaše, više od stana, nekoliko katov visoko. Žito je došlo na pod da se onde usuši. Čim suhije, tim bolja cijena. Žatva misece dugoga, teškoga djela. Mi dica smo se rado kupala u morju od zrnja na podu.

Pogibelna nije bila samo višina ili vrućina, nego i pogibel ognja med mašini, cigaretami i friškom slamom. Paziti se je moralo. Jednoga vrućega dana u augustušu u 1960. ljeti smo presenećeno čuli voziti ognjobranske automobile kroz Filež. S trumbitom, svićom i svim. Protekli smo na cestu, ar tako ča se je rijetko dogadjalo. Vizavi od našega stana nije bilo zgrade, tako da smo vidili ča do Mjenova, i vidili smo Mjenovo zamotano u orijaški oblak dima, crikveni turam nije bio vidljiv. Mjenovo je gorilo. Ja sam bio 10. Zaustavio sam potpuno tudjega vozača na svojem traktoru i ga prosio da me zame sobom. Kad smo dospili Mjenovo, zrak plavo-žutkast. Miris ognja, larma, krave su bludile simo-tamo, konture bijeloga konja. Bijela crikva zamotana u žutkastu farbu kot jantar. Ljudi su bižali s kantami. Kasni Hieronymus Bosch.

Jedna obitelj je mlatila. Napodne su se sjeli skupa za objed. Sunce je zvrućalo mašine i u blizini neka slamkica. Plamen. Dvanaest škadnji po redu zgorilo je skupa s friškom slamom.

Ljeto dan kašnje su slijedili opet ognji. Ovput na Filežu, prilično pet. Svaki par dan jedan škadanj. Podižgani ognji. Jedan žatveni pomagač, od nature slabo blagoslovljen, pomagao je pri mašinanju. U nekoliki stani. Kanio se je dopadati kćeri dotičnoga stana u kom je pomogao mašinati. Napravljao joj je avanse. Ako je odbila, se je fantio u noći važiganjem. A mi onda svi u noćni kostimi i u pidžama van na cestu. Žarko črljeno zrcalo na nebu, nezgodno raspoloženje. Gdo će biti dojdući? I kod nas je žatveni pomagač djelao. Kćere stana, majka i teta, su bile na dan mašinanja u Beču. Naš škadanj nije gorio.

Dnevnik „Kurier" pisao je po uhapšenju: „Ognjeni vrag na Filežu!" Debelimi i tustimi slovami i nezgodnom fotografijom žatvenoga pomagača. Njegovo ime je glasilo kot i divojačko ime moje matere.

Bio joj je bratić u drugom ili tretom koljenu. Znatiželjna susjeda u Beču potuketala je „Kurier"-om i poželjnošću za senzacijom na maj- kina vrata: „Ste si s ovim rod? I vi ste se zvali prije Domanovich." Moja majka: „Ne, toga uopće ne poznam!" Na svaki način se sastane na dan mlatenja čuda ljudi u stanu. Mnogi pomažu. I susjedi. Muži nalažu, žene kuhaju i opskrbljavaju. Dica donesu kruh. Hlibac od dvih kil, ar ih je čuda. Enzian-sir, safaladi- kobasica, mast i slanina, morebit i gulaš. Na svaki način pivo i Keli. Lip dan. Svetak po misece dugom djelu.

Govoriti po hrvatsku još ne čini hrvatsko selo. K tomu slišu još glas- noća, smijanje i poželenje za jačenjem. Humor, srdačnost, znatiže- lja. Otvorenost prema novomu i za novo. Pri umekšavanju željez- noga zastora došlo je ljudi izdaleka na Filež. Dnevno iz svih krajev svita. Navečer došli su ljudi iz Pakistana i su potuketali kod tete Kirchknopf. Srijedu je stala jedna obitelj iz Bangladesha sa svojimi koferi pred crikvom. A četvrtak je krenulo 40 muži iz Afrike u Hol- degasse Walteru. Walter im je rekao: Slijedite za manom. I oni su slijedili za njim u krčmu Divos, kade su dostali jilo. Drugi dan jutro su je odvezli u Beč. Tada. 1990.

Nikada zle riči, niti gradjanske obrane, nek malo FPÖ-a. Ali znatiželja. Morebit i zato, kad se je desetljeća mrtva granica opet oživila. Morebit i zato, kad su naši preoci pred 500 ljet došli izdaleka simo. Morebit i zato, kad je stotisuć prošlo u svit iz Gradišća. Iz siromaštva u ufanje. Stefan Karazman, moguće i moj staristariotac, se je selio kot jedan od prvih iz Fileža u SAD, u Southbend kod Chicaga. Southbend je bio kašnje djelatno mjesto jednoga mladoga socijalnoga djelača. Nje- govo ime – Barack Obama. Jedna cesta u Mjenovu se zove Sot- bend i spominja na one ki su prošli u Southbend i se opet vrnuli odanle. Ufanje je kazalo u smir SAD-a, Kanade, Australije, Južne Amerike ili Beča. Migracija – jedan oblik hrvatskoga bivanja. Migracija je tvrda sudbina. I u Beč. Napustiti je teško, prispiti teže. Ovde već ne ide, a onde ... još dugo ne ide. Sve tudje i nepoznato. Zablude i falinge padaju lako i teško na glavu. Mi dohadjamo iz vana kot vanjski čudnjaki. Mi smo ranjivi, ar smo laglje za napasti. Mi se zadjelamo u tudju zajednicu. Posao kot jedini pupčanik u novi svit, kot jedina oslona. Nek ne načiniti falinge, ne utruditi, ništ ne potribovati. Bolji biti da bi isto valjali.

Kad su došli ljudi iz DDR-a prik Madjarske u Austriju u Filež i Kerestur, je je Johann milovao. Htio im je pomoći. Johann je bio peljač Raika-filijale u Filežu i bivši suškolar moje matere. I on veseo človik. Otvorio je nedilju Raika-filijalu i dao svakomu biguncu 200 šillingov. Nakon odobrenja sa strani svojega pretpostavnoga, Wolfganga s vinogradarskoga dobra Igler.

A 2015. je onda došao svit. K nam, kroz nas i dalje. Neki su ostali. Jedna obitelj iz Sirije je došla u Veliki Borištof, a odanle na Filež i ostala je dugo kod Anice i Ivice u stanu. Naš sin pomagao je kot vozač Črljenoga križa u logori za bigunce. Jedne noći morao je u autu hitne pomoći u Nikištrofu voziti roditelje od jednoga kvartira do drugoga kad su iskali svoju dicu ku su zgubili pri bigu. A on sam još nek dičak.

Moja žena se divi velikoj pripravnosti pomaganja u Filežu i okolici, u naši hrvatsko- i nimškogovoreći seli. Mnogi pomoćni projekti postoju, pred svim za Afriku. Jakov je pomagao graditi zdence, Vince podvarati mašine, Werner i Lisbeth sabiraju za škole, dica Irmgarde i Bertla su zela k sebi familiju iz Sirije. A kada koč pridonašaju i benefic-igre pri golfanju k školskomu materijalu za Etiopiju. Live-Aid u Gradišću.

Očekivanja su prostorije očekivanja u pogledu na druge. Čim veće ove prostorije, tim jače moru rasti očekivani ljudi. I kod dice. Čim veće su prostorije očekivanja prema dici, tim zaranije i veće odrastu. Dicu kod nas oblivaju veseljem. A i s čuda pinez. Majka i punica su se dostale za vlase. Moja majka je našemu sinu darovala veliku novčanicu, moja svekrva iz Beča stare olovke. Ona je bila učiteljica. *Dica se ne smu sprokšiti!* Moja majka je bila zbantovana. Naš sin ljubi obadvi.

Kot dicu su nas gladili, kuševali, nadarili, osmihivali, spitkovali, je li u lodni, na cimitoru ili u krčmi: „Rudi, ti se vidi na Filež? Znaš još hrvatski? Imaš jur družicu?" Troja elementarna pitanja na selu. Naš sin je odrasao u Beču i Filežu. S prijateljem Davidom su se selili sedmeroljetni po Filežu. Po hrvatsku i po nimšku. Kot osmeroljetni su brali potpise protiv US-predsjednika George Busha. On je kanio početi boj. Zato ga nisu kanili. Mnogi u selu su potpisali i darovali ov ili on euro. Kupili su si sladoled. Pinezi su nastali dobro iskustvo. U drugom ljetu su posadili u mačkinju košaricu jednu plišanu živinu. Išli su od stana do stana i pobirali milodare za lilacku igračku. Ljudi su darovali. Ujča Karol je kanio znati već: *Muško ili žensko?* Dičaki su gledali bespomoćno. Ujča Karol je posegao u mačkinji korbac i upipao lilacko stvorenje. Potom je rekao osvidočeno: „Muško!"

15 ljet kašnje se sastaju još svenek. Jedan jur na poslu, a drugi još študira. Jedan na kombajnu, a drugi podučava dicu s reketom. Obadva kod ognjobrancev. Med tim maturalni bal, kidnapiranje zaručnje, odbojkaški turniri i kiritofi.

Kiritof

Caféhaus

KUGA

Kiritofi su veliki svetki. Važni kot i Vazmi ili Božići. Svako selo drugačije, a kada odvisi od crikvenoga patrona. Na Filežu je to sveti Lovrenac zato se zove Lovrenča. U obitelji se je šparalo za ove dane, cijelo ljeto. A onda se je svečevalo, tancalo i pozivalo. I striljalo na plastik-kitice pak teddy-medvide. Ili mimo? A jači se do ranoga jutra. Cijelu noć.

Prije je u selu živilo već ljudi, kašnje su mnogi djelali u Beču, ali na kiritof su svi došli ponajzad. Kupili su se lipi kljati, ili ušili, pak kuhalo se je na veliko. Ti dani su imali fler. Ja sam kiritofsko dite. Mene su stvorili na kiritof u vinogradu. To ne znam od svoje matere, nego od svoje sestrice koj je jedna prijateljica povidala ka je opet doznala od svoje tete, a toj se je bila moja majka „spovidala". Mjesto mojega stvorenja u vinogradu je kod kapele. Genetski kod.

Prije je htila dojti stotina ljudi „iz zvana" na fileški kiritof. Bilo je već pozornic s muzičkimi sastavi. Jedna od njih s ujčom Štefanom kot Glenn Miller. Pozornice su zvali „cimbe", kad su bile pokrte kitami od breze. Trajne nisu bile, ali ekološke. Pred pozornicom velik parket za tanac. A naokolo stoli za kimi se je svečevalo i jačilo. A čudakrat i drapalo. Mladi muži su bili uprav utekli boju i nasilju. I paorija je bila tvrda. Živine su tukli, tako i dicu. A već ki je onda eksplodirao na kiritof, rado protiv onih iz susjedskih sel. Osebito onda kad su *taaaako zivali u naše žene.* Tako je moj otac prouzrokovao masovno drapanje. Htio je dokazati mojoj majki svoju ljubav. Još nisu bili oženjeni. Moja majka ga je ipak zela. Ljubav i udarac.

Kot mlad muž je morao moj otac biti jur zaran doma. Njegov otac je potribovao u jedanaesti. Kad je moj otac došao kašnje domom, je stariotac zvao susjedske muže i onda su ga zmlatili. Zatvorili su ga tri dni u kravsku štalu. Kad sam to dočuo, razumio sam čuda ča. Moja psihoterapeutkinja me je upozorila:*Oprostiti se more, ali nikada ne omalovažiti i preboliti. Ar ćeš je ti nositi dalje.* Ja nisam doživio na kiritof nikakove tučnjave. To je postalo nemodernim. Peace & Love su preuzeli. Za vrime poslidnjega showdowna na kritof sam bio s jednom divojkom. Kuševali smo se za Caféhausom dokle se je najpr spravljalo rivanje. Fileški ditići su držali ponašanje trih Bečanov neugodnim. Rič je slijedila riči. Gradišćanci i smišice. Ponižavajuće prema hrvatskomu. Vlasnik Vince se je bojao za svoj lokal. Obećao je Filešcem mozane pune bonance ako otpustu Bečane prez nasilja. Bonanca je bila cola mišana s črljenim vinom. Filešci su se sjeli i pili, a Bečani su se otšmuljali mimo. Kad smo mi dvimi došli najpr, su mozane bile prazne.

Danas je kiritof na Filežu opet magnet. Djelo naših Graničarov. Tancoške i tancoši, jačkarice i muzičari Graničarov stupu na pozornicu kot svitionik naše kulture. Stotina gostov, prijatelji iz Beča. Muzika, čiji koreni su u čardašu kot i u muziki Romov. Kadakoč bliskaju Goran Bregović i Balkan brass skroz, a „Ederlezi" se zove onda „Djurdjev dan". I gosti iz Ugarske, Slovačke ili Hrvatske igraju. Nepozabljeno, mlade žene iz Slavonije. Predstavile su tamburica-punk u čižma, kot je je imala staramajka. Kot pirovni svidoki Angele i Frica smo staramajka i ja morali tancati pred crikvom. Pred očima množine ljudi. Nismo tancali niti valcer niti polku, nego „popikovanje". Staramajka je i onda sjala.

Tajedne dugo se naš folklorni ansambl pripravlja na kiritof. Ure dugi show triba tajedne duge probe. Tancaju i jaču. Skoro sva seoska mladina aktivna. I starja generacija, ar Graničari su šezdeset ljet stari. Svi skupa, takorekuć.

Kiritof je značio dobro jilo, pinezne dare, maneverske patrone, huče, autodrom i igračke. 1968. Bio sam 13. Po prvi put sam smio navečer u Caféhaus. Po prvi put tanac navečer. Ne dugo i kasno, ali ipak. Igrao je rockbend, prvi koga sam mogao čuti uživo. *Hey Joe* i *I can´t get no satisfaction.* Duplasta negacija mi je danas još ganjka. Muzika, pojačana strujom, ritmičko trzanje, još ne tanac, ali jur beat. Potio sam se, svlikao košulju i kipio dalje. Odrašćeni okolo mene su se smijali. Ne nazlobno. A ja sam se po prvi put doživio divljačkim. Slobodnim i divljačkim. Bend se je zvao The Brew. Iz Velikoga Borištofa. Kašnje su se zvali BRUJI, ča po hrvatsku znači isto kot po englesku: brujanje. Rebelično brujanje do danas. Njev borbeni krik za naš svit: *Koliko smo, toliko smo, Hrvati smo!* Misece pred tim su se pijanci zavezli u Koruškoj u seoske table. Slovenska mladina i demokratska Austrija su potribovali „Člen 7" državnoga ugovora, pravo na materinski jezik. Hrvatska mladina je potribovala isto. Tamburami i tradicijom protiv desetljeć nepoštivanja. Hrvatski žitak se je minjao od preživljavanja roditeljev u Beču u žitak dice sa svojimi koreni. U hrvatski seli nismo tancali tako divlje, zato ali u kolobaru. U kolu.

A najednoč je nastao džukboks za mene nerazumljiv. Ljeto dan prije je još spljuvao jačke *Whole Lotta Love* ili *Shalala I love You*. A sada je bila sva muzika po srpskohrvatsku. Ili po hrvatsku. Za mene je bilo sve „španjolski". A The Brew su se sada zvali BRUJI.

S pubertetom postao je kiritof modna pista. Črljene čižmice, škuročrljeni samitni žaket, bijele plundre s plavom majicom i velikim izreskom. Vlasi, rudasto ondulirani uvijačem, visili su glatko do križi. Dah Carnaby ceste puhao je na kiritof. To je bilo ljeto trih vrlo snažnih divojak. Vrlo snažne i na pohodu na kiritofu. Iz Željeznoga, s roditelji iz Fileža. Zaljubio sam se u sve tri. Sa svimi trimi sam se kuševao. Prekasno sam doznao da su sestre. Moja velikodušnost nije dostala jednodušno priznanje. Ipak sam ostao zaljubljen u najmladju, Aureliju. Pisali smo si pisma, veliki kino: čerišnjevi cvijeti, misec, čežnja, zmaljanje. Narziss i Goldmund.

U Beču sam presenetio svoju majku, kad sam došao domom, kako je skupa sa svojimi prijatelji čitala moja ljubavna pisma od Aurelije. Glasno i smijuće. Nisam im bio srdit. Na svaki način je to bio kiritof velikih poljupcev i rozeckih hotpantsov – od samita. Obadvoje meko. U Caféhausi na rubu vinograda kade su moji roditelji svlikli svoju pratež i dali svidočanstvo.

Vlasnik od Caféhausa je bio Vince Tomšić, Bill Graham istoka. Caféhaus Vince je izazvao potres u pokrajini okolo Fileža. Tanac, koncerti, partiji. I za roditelje. Ivo Robić je dao koncert. Zvijezda šlagera iz Jugoslavije. „Sa sedamnaestimi počinje žitak." Cijeli lanci autov su se vukli pored cestov. Čuda ljudstva se je rivalo u vrtu od Caféhausa, većinom žene u lipi kljati, ke su si mnoge ušile vlašćimi rukami. I majka i ujna Marica. Caféhaus je bio glamurozan. Bazen u vrtu, stupi na verandi. Dugo pred Dynasty i Denver Clanom. Mi smo samo zazirali. Karte su još bile luksuz. Onda mi veli majka: *Poj nam po autogram!* Dali su mi jur upotribljenu voznu kartu bečanskih linijov: *Neka ti da svoj autogram, simo.* Ja nisam znao ča je autogram. Prošao sam k njemu: *Prosim autogram.* Ivo Robić se je prignuo i počečrkao kartu. Majka i ujna su se veselile počečrkanoj voznoj karti. Potpuno nisam razumio.

Petar, sin vlasnika Caféhausa, i ja smo se sprijateljili u Woodstock-starosti. Isti ukus kod muzike i divojak. On je imao rude vlase kot Herbert Prohaska, a ja dužičke kot Johnny Winter. On i Feri moji najbolji prijatelji. Feri je imao kratke vlase. Išao je u katoličanski internat u Matrštofu. Onde je samo Jezuš smio imati dužičke vlase. S Petrom smo si poslušali u pivnici od Caféhausa, u zatvorenom kegljišću, muziku iz Engleske. Gramofon i prve cigarete. To ljeto sam doprimio ploče iz Londona, ke sam kupio u maloj „Virgin"-lodni. Kašnje je vlasnik lodne postao vlasnikom jedne zračne linije i je organizirao pogreb Lady Diane. Bila je to izvanredna lodna za ploče. Kupio sam onde tokom svojega interrail-putovanja u Afriku čuda pločov. LP-i su došli u naprtnjaču, a na putu u Afriku je naprtnjača bila većkrat u vrućem suncu. Tako su se ploče malo skrivile. Pri igranju pločov u napušćenom kegljišću u Caféhausi hitio je svaki slap na ploči ručku zvučnice u zrak. Potom je zvučnica tropila opet na ploču. Ure dugo su se zminjale muzika i fantazija. Kašnje se je to zvalo „scratching". Naš Caféhaus bliskao se je u pokrajini kot disco-kugla. Vlasnik Vince nije bio samo lodnar nego i event-menedžer. Organizirao i priredio je zvijezde u Filežu kada je u Beču još bilo sve suro. Ivo Robić. The Rattles. I The Lords iz Njemačke. I Spitfires. I Al Cook, iz Beča. A on je pronašao i BRUJE kad su se zvali još The Brew. The Brew iz Velikoga Borištofa. A kada-tada je zvao i mladoga muža k sebi. Zvao se je Mick Taylor. Kratko potom je debitirao u Hyde Parku u Londonu kot novi Rolling Stone pred frtalj miliona vjernikov. Ča bi bili Rolling Stonesi prez Fileža?

Caféhaus i kiritof su bili kulturni inkubatori. U nji se zrcalu kulturna i politička evolucija našega žitka. Početo s polkami kot Rozamunde, prik hrvatski jačenoga polit-rocka ča do livoga i zelenoga angažmana u politiki. Kot kristal ovoga taljenja bliska KUGA u Velikom Borištofu, multietnički kulturni centar, osnovna kulturna hrana naše regije. Osnovao je KUGU med drugimi Joško Vlašić, pjevač BRUJEV i učitelj na gimnaziji u Gornjoj Pulji, a kašnje i zastupnik Zelenih u zemaljskom saboru. K osnovanju KUGE je pridonesao i Adalbert Reidinger, bivši direktor gimnazije i ÖVP-član, a jako je podupirao pri realiziranju i zemaljski savjetnik za kulturu Gerald Mader od SPÖ-a. Tako funkcionira pasac, tako i uspjeh.

KUGA nas obogaćuje kulturom, feštami i diskusijami. I izvanrednom ponudom za dicu u prazniki: „KUGA 4 KIDS". Ideja Joška Vlašića je pomoću Danijele, Gese i Ferenca postala većjezični dar za mladinu. Djelatne grupe za videosnimke, žitak Indijancev, logor za cirkus, modeliranje ilovačom kot i većjezična čuvarnica. Joško je upeljao i rock-pop-workshop. Tamo su došli mladi ljudi, i iz Beča. Jednoč biti tajedan dugo u jednom bendu. Sa svojimi instrumenti i glasi su se dnevno naučili tri hite i su je predstavili na koncu tajedna u prvom rock-koncertu svojega žitka. Pred publikom, punom majkov, tetov, starihmajkov, bratićev i sestric, koč još i ocev. Jedna ura na visokom nivou. Muzičarke i muzičari grupe PAX su pomagali isto kot i Feri sa svojom lodnom „Klavierhaus Förstl" u bečanskoj Bellariji. Svi skupa, takorekuć.

Niklas je igrao gitaru. Javili smo ga za djelaonicu. Kot svenek, jedan dan pred djelaonicom, seminarom ili kampiranjem – velik teatar. *Ne! Ostavte me. Tamo ja ne kanim!* A po prvom danu kot svenek: *Cool!* Učili su engleske hite, jugoslavenske himne i austrijanske hite. Petak su dali Niklas i bratić Filip, Buzanićeva dica kot i još neka druga dica iz Beča koncert. S „Creep" od Radiohead ča do „Čokolada – Hajde da ludujemo" iz Jugoslavije. Deset ljet kašnje igra te dvi jačke opet. Ali sada sa svojim bendom „Broken doors". Bečansko-hrvatski bend, najbolje iz dvih svitov. Opet s bratićem Filipom, s prijatelji iz Beča i prijateljicom Evom iz Fileža. Jaču po nimšku, englesku i jugoslavensku. Tekste razumi samo Eva. Jaču si svi. Tancaju prijateljice i prijatelji.

Corona je njev predvidjeni koncert u Chelsea-lokalu zničila. Pozvali su je da igraju prilikom 30. obljetnice časopisa „Uhudla". *Uhudla* je gradišćanski buntovnički medij, rodjen od Maxa. Pred desetimi ljeti sam ja igrao sa svojim bendom Bolschoi Beat pri fešti „20 ljet Uhudla" u Chelsea-u. Niki je s mnogimi prijatelji iz svojega razreda poiskao feštu. Po nastupu je došao: *Moje prijateljice pitaju je li si jačku 'Kosmonauten der Liebe' zaistinu za mamu napisao.* Bili su zaistinu oduševljeni. Lokal Chelsea, osnovan i peljan od gradišćanskoga Hrvata. On je doprimio punk u Beč. Danas nastupa onde svit.

Pri koncertu u KUGI je igrao Niklas u programu pred ansamblom Pištija Horvatha. Pišti Horvath je igrao cimbal i peljao orkestar romskih muzičarov. Človik iz Velikoga Borištofa ki je zvao samoga sebe „hrvatskim ciganom". Pišti je bio zvijezda. Igrao je s Royjem Blackom, u Carnegie dvorani, igrao je Cimbal u jednom James Bond-filmu. A igrao je i ta večer. Anti-ciganizam u Gradišću terorizirao je puno ljudi. I šandari su jur dugo pred nacionalsocijalizmom dali svoje najbolje. A i po nacionalsocijalizmu. U 1990. ljeti su četiri ljudi u Borti zgubili svoj žitak. Gdo-ta je je kanio poslati „najzad u Indiju". Naciji ljubu izmjenu.

U 1960. ljeti se je neprijateljstvo prema Romom minjalo. Pojavio se je „Gypsy Love" Karla Ratzera i Harryja Stojke, kurili smo Gitanes, a Hendrix je imao svoj gypsy look s „Band of Gypsys". Ali nijedan iz benda nije bio Rom. I pomoću KUGE je Pišti Horvath nastao opet dio Borištofa. I u hrvatski seli su Rome odbijali. I to malo manje, ar i mi smo doznali da se „manjina" manje dobro rači. A „Horvath", gusto ime kod narodne grupe Romov, znači po ugarsku „Hrvat". Granične regije bez granic pomišane.

Rudi se je zvao Horvath. Rudi Horvath iz Fileža, dost starji od mene. Sin ujče Ignaca i ujne Marice. Igrao je kod Rapida i dugo kod Austria Salzburg-a, igrao je u Champions League i u austrijanskoj nogometnoj reprezentaciji. Libero. Rodjen u Filežu. Njegov otac je bio „kartaš" i izgubio je u jednoj noći stan i polje. Sve svoje imanje. Zato su „morali" projti iz Fileža. Kupili su mali marodni stan u Alt-Erlaau, njev novi dom. Na vikend su moja majka i otac pomagali pri renoviranju. Dugo vrime je to bilo moje vikend-„veselje". Hustili smo šlaku u sobe da se tlo malo zdigne i izolira. Stan je postao lipši. A Horvathi su živili onde puno, puno ljet. Moj otac je bio Rudijev bermanski kum i mu je darovao ure, lipše nego svoje. Rudi postao je nogometnom zvijezdom i bio u svi dnevniki. Na Rudijevom bermanskom kipiću sam i ja kot dičakić. S tim kipićem u ruki sam si prošao po nogometnoj igri po autogram od njega, i to tako da su svi, ki su kanili imati autogram od njega, to vidili. Svi su se divili mojoj obitelji.

Stariotac je sa svojimi starimi teci nedilju u krčmi rado jačio jačke, po hrvatsku, čuda po ugarsku, a neke i na romskom. Naše jačke nosu čudakrat čardaš u krvi, a „csárdás" su nam doprimili Romi. Fileška himna „Okolo Fileža" je čardaš. A na kiritof idu Romamuzičari od stana do stana, pripravni igrati par jačak da si ča zaslužu. Skoro svenek su im zapirali, od stana do stana. I kod nas. Stoprv kad se je 1995. narodio Niklas, je moja majka ostavila ljesu otprto. Jednoljetni je poslušao i se divio začudjeno.

Danas se on sastaje sa svojimi prijateljicami i prijatelji navečer na raskrižju u Filežu. Igraju gitaru i jaču. Neil Young i Bob Dylan. Jačke naše mladosti su jačke njeve mladosti. Strefu se u omladinskom centru, kim sami upravljaju, oni držu skupa, svega djelaju, ravnopravno i s respektom. Kot znak kluba nosu na svoji majica lik vraga s geslom: „Vrag ne spi. I mi ne!" Ovo vražje djelo puno životnoga veselja je farnik nedilju pri prodiki zvao vražjim poslom. Izribao je. 2020. Mladina si je dala našiti lip zidni tepih s vražjim likom i geslom, obisila ga – daleko vidljivo – na vrata omladinskoga centra. Mi smo bili gizdavi svenek na svaku mladinu.

Omladinski centar je jedan produkt našega načelnika. Johann je prilično pred tridesetimi ljeti postao načelnik. Prvi direktni izbori za načelnika. Vabio i vabio je svagdir i svugdje. Odibrali su ga. Po prvi put načelnik socijaldemokratske stranke, ali s većinom narodne stranke u općinskom tanaču. Čudakrat je ta fragilna balansa prevagala u konfrontaciju. Slab vjetrić od Don Camillo i Peppone. Zravnalo se je, slijedila je mirna koegzistencija i prelaz u dobru suradnju. Mladi općinski tanačnik SPÖ-a je sada vjenčani svidok ÖVP-tanačnika. Love & Peace? Još ne, ali jur sve bliže.

Johann ima dobar odnos ognjobrancem, nogometnomu društvu, domu seniorov, klubu tenisačev. A prije i farofu. Bivši farnik je bio porijeklom iz Hrvatske i bio je jako obljubljen. Njegove prodike nisam razumio, ar je govorio po jugoslavensku. To prijateljstvo med načelnikom i farnikom se nije svim vidilo. I crikvi ne. Farnika su premjestili.

U mojoj mladosti je jedan farnik iz Poljske ispunjavao duhovno zvanje. Njegova strast je bila usmena-povijest od starjih stanovnikov. Publicirao je časopis „Svidoki". On si je dao povidati prošlost i je bio čudakrat i kod nas, kod starogaoca. Stariotac je bio srićan da je mogao povidati o prošlosti. Nasred dvora, jedan stol, dva stolci, diktafon i čuda povijesti. Mi smo sidili malo odaljeno i smo poslušali. Farnik se je veselio kad me je zaobličio. 15 ljet, dužički vlasi, ljeto s trimi sestrami. Svaki put mi je vikao: „Veselim se tvojoj spovidi!" Ali zaman je čekao, spovidi nije bilo, ar naše molitve zlišaju sve grihe. Johann i naš farnik su se tjelovno jako razlikovali. Johann mali i krugao, farnik visok i tanak. Medjunarodna nogometna igra Austrija

– Hrvatska. Niklas je bio deset, a austrijanska zastava velika kot on. Pred štadionom morje puno svitluckastih šahovnic, hrvatski feni sa zastavami. Skoro svi austrijanski državljani, dica biguncev i nećaki gastarbajterov. Prem Austrijanci, ali u duši još svenek u Hrvatskoj. Med njimi u sredini načelnik Johann i naš farnik. Mi smo se veselo pozdravili i glasno pominali po hrvatsku. Mladi s hrvatskom zastavom okolo nas su se čudili. Čudili su se da hrvatskogovoreći nosu austrijansku zastavu? Hrvatska je dobila s 4:0, ali mi se nismo ćutili kot potpuni gubitniki.

Načelnik i farnik otvorili su u staroj mlikarnici omladinski centar i knjižnicu. Navečer po dojenju smo htili odvesti kante s mlikom u mlikarnicu na raskrižje. Na koncu miseca smo dostali pineze i neke naturalije. Većinom polutvrdi sir s imenom „Jerome". Flair Francuske. Meka masa, oštrom duhom, ka se je u usti pretvorila u gumi. Misečno i opet i opet. Dosta nam je bilo do danas. Kod mlikarnice smo se strefili s prijateljicami i prijatelji na šalu, igre i flirtanje. Rado smo primili mliko na raskrižje.

Tada je na raskrižju stala mala hutica. Trafika. Hutica, znam dvakrat dva metre, s jednimi vrati i jednim oblokom. Trafikantkinju su po hrvatsku zvali „Mare Žaba". Mare je stalo za Maria, a Žaba za urednu žabu. Laskateljno ime „Žaba" si je zaslužila svojim dugotrajnim porigovanjem. Organski uzrok. To je bilo jako glasno porigovanje. Bila je osobenjakinja iz poslidnjega stana naše ceste. Čuli smo ju kot je išla u trafiku. Na sredini raskrižja: veliko ljeto, veliko mjesto, svitluckasti zrak i osamljeni mali stanić komu se poriguje. Nikada joj se nisu rugali. I mi dica ne.

Na raskrižju su se križale tri krčme. Sve tri smo zgubili. Televizija, otvaranje granic i migracija u Beč su otalili kšeft. Jedna, krčma Haas, je vabila vlašće produciranim sladoledom u dvi sorta. Orijaški mašin za led i nauljena drvena tla. Druga, krčma Mersich, je imala kot prva automatsko kegljišće, kade smo već ku svinju potočili. Treta, isto Mersich, je imala koč-toč predavanja. Zvećega putne izvještaje skupa s film- ili dia-predavanjem. Javno nazviščeno. Mali porno-film okolo polnoći nisu htili nazvistiti. Ja sam sve zamudio. Nisam znao ništ o tom.

Mersich je dozvolio i političke sastanke. Govore, predavanja, odibiranja. I funkcionare jako male partije KPÖ, ali rijetkokrat. To je bilo zato vridno pažnje, ar smo se u katoličanskom poljodjelskom selu na rubu željeznoga zastora bojali komunizma. Hirarhija naših zdivajkov u ditinstvu je bila: „ti boljševik", pred „ti antikrist" i „ti soci". Na svaki način je vršila ljeta dugo zastavica od „Volksstimmen-fešte" šank u Meršićevoj krčmi. Ista kot u dnevnoj sobi obitelji „Sackbauer". Moj poslidnji pohod u krčmi je bio kad sam se vozio poslidnji put dvokolcem iz Fileža. Tomu je prilično 40 ljet. Feri je bio i je još svenek oduševljen biciklist i me je nagovorio da se vozim s njim u Kerestur. Tamo i najzad 20 kilometrov. Potpuno netreniran po tamo još spočivano i s briga doli, povratak pod brig i iscrpljiv. Mala razlika od jednoga metra višine med Filežom i Keresturom načinja Kerestur za jedan stupanj teplijim. Mala razlika na termometru, ali velika u pivnici. Ta mala visinska razlika mi je dala spasti u potpunu izmučenost. Nikad već se nisam zvana Fileža vozio biciklom. Feri se je odvezao k papi. Biciklom.

Kot dica smo se Feri i ja rado vozili biciklom. I skupa na jednom. Polag prometnoga zakona prepovidano, ali polag ditinskoga prava velika zabava. Bili smo deset ljet stari. Vozili smo se po cesti u smir raskrižja. Na raskrižju šandar prez posla. Dugo mu je bilo. Nikada ništ ne za prepričiti. Onda nas je zagledao dvime na dvokolcu i vidio je dojti svoju uru. Kaštigao nas je za deset šilingov. Kad smo došli k Ferijevoj materi po 10 šilingov, se je jako rasrdila. Prošla je na raskrižje i šandara spucala do dna. Pred svimi ljudi. Ča mu dojde napamet, kaštigati dicu? K njoj već ne triba dojti jisti. Dokonjano! Monopol vlasti leži teško u želucu.

Ferija i mene povezuje dugoljetno prijateljstvo. Jur u Beču. Obadvi obitelji su živile u 15. kotaru. Obadva oci su djelali u gradjevinstvu. Roditelji su se medjusobno shadjali a mi svenek s njimi. Stan mojih roditeljev se je sastojao od male veže i jedne hiže, u koj smo svi trimi spavali. Po subotam je došao zvećinom „veći" pohod. Iz Fileža i okolice. U sobi s deset kvadratnih metrov šest prijateljev. Većina je sidila na kisa od sadja. Majka je htila napraviti Chaudeau (sprogovoreno „šató"). Danas nepoznato vruće piće, vino zmišano s cukrom i žubancem. Povidali smo si i smijali se, po sebi razumljivo glasno.

Najteži posao

Beteg

Pokopi

Moja majka je bila službena, moj otac pomoćni djelač na gradilišću, kot i Ferijev otac. Firma ocev se je zvala „Bauwesen AG". Onde je djelalo čuda Filešcev. Med njimi moj ujči Mate, brat moje majke, i moj drugi striči Štefe, bratić mojega oca, ujči Mate, bratić moje majke u drugom koljenu i moj i moj ... Praktično obiteljska firma. Djelači su prošli iz Fileža nediljom u smir Beča. Onde su živili u baraka kot i ciglaši iz Pemske. Townships. Petkom su se vozili domom. Na putu još jednu flošu piva, a doma onda svadja kad se je našla škura škulja kade u tajednom zaslušku.

A na vikend, kad su došli domom, su i na selu bili na najnižoj priklji socijalnih škal. Farnik, učiteljstvo i seljaki su stali nad njimi. Samo njeve žene su bile još pod njimi. Ali ne moja majka. Ako je moj otac ča popio, bilo je boja. Od nje.

Koliko zbantovanja, boli i trapljenja su morali izdržati otac, ujča, naši Filešci kot djelači-pendleri? Stariotac prošao je u susjedski stan i se zahvalio kod Tante Christl, tada još mlada žena. U pauzi napodne išla je sa svojom prijateljicom kroz Beč i je najednoč zagledala ujču Matu djelati u grabi na gradilišću. Veselo ga je pozdravila i se s njim jedno vrime pominala, po hrvatsku. Stariotac se je zahvalio zato kad je mlada žena cijenila njegovoga sina kot sučlovika.

Teško djelo pri svakom vrimenu, puste barake i zao socijalni položaj. Mnogo ča je muže na gradilišću zbantovalo, a iz zbantovanja nastaju betegi. Otac je obetežao na upali pluć. Curilo je. Oni su morali ipak. Potni i nečuvani. Praktični vračitelj je bio sedamdeset i nije vidio da su pluća upaljena, a onda i srce. Srčani zalistak je postao uži, srce je polako popušćalo. Slijedila su ljeta s boravkom u bolnica, krize, kure, bolovanja i sve gorji nalazi. Pri ergoterapija u lječilišći se je otac naučio izrizivati brode, štrikati pudle, švasati stalke za kitice ili užigovati kipe od vlake. Jednoga s obrisom gole žene na obali. Toga je prodao. Sva rodbina dostala je brodiće ki su se svitili. Ili pudle. Vračitelji su opisali očevu dilataciju srca „velikom kot biciklaško srce". Otac je tu rič imao rado. Glušalo je po velikom športu.

Djelo na gradilišću je dokonjao i postao slugom u dvi hoteli. Dopodne i otpodne. 14-uri na dan. Majka je djelala kot službena i se je bojala osiromašenja. Otac je smio vino piti, ne čuda. Majka je htila razretkati dvi floše vina na tri floše „vina". Kod nas je postalo vino vodom. Trsje se je zvalo „Herrnbaumgartner", ča je ocu ostavilo malo časti.

Moj ujči je pio već. Zvečera si je postavio uz postelju dvolitarsku flošu s vinom. Jutro je bila u floši voda. Ujac se je pozivao na zimu u noći ka je pretvarala vino u vodu. To je bilo u juniju. Drugi dan dostao je prvi napad, slijedili su mnogi. Kad je došao vračitelj i je pitao je li pije, bilo je moje starestarje sram. Ujču su otprimili u bolnicu, a onda u sveučilišnu kliniku za psihijatriju u Beču. Kad sam ja onde, trideset ljet kašnje, počeo djelati, iskao sam njegovu anamnezu. Uzrok za njegovu smrt nije bio zapišen.

S pohadjanjem oca u bolnici smo se majka i ja zminjali. Ja pri tajednu po školi. Majka na vikende. Za 14-ljetnoga pohodi u bolnici nisu bili uzbudljivi. Htili smo se malo razgovarati, zvećega su bili prijatelji i rodbina oca uz stelju bolesnika. Zvećega bivši prijatelji s gradilišća. Pri gradnji se je skupa djelalo. Kot sluga ne. Pitanje bivšega očevoga polira Kalmana: „Rudi, imaš jur družicu?" Šala uz bolesničku stelju.

Ja sam bio jako „pobožan". I opet ne. Odvisno od seksualne orijentacije. Pred početkom školskoga ljeta sam išao zvećega u crikvu da si „Očenašem" potiglam grihe protiv šeste zapovidi. Bio je jedan čas kad sam bio osvidočen da svakim seksualnim doživljajem pogoršam ocjenu školskoga djela za jedan stepen. Matematiku smo dostali jur slijedeći dan ponajzad, tako sam imao zvećega jedinicu. Korektura engleskoga školskoga djela durala je jedan tajedan. Petica me je sprohadjala ča do mature. Bog ne popusti.

Bila je nedilja. Došao sam domom, otvorio vrata i vidio majku jako zaplakanu. Majka se je svenek plakala kad se je htilo pogoršati očevo zdravlje. U svojoj bigoteriji sam mislio na religioznu nemarnost i pitao pun prigovora: *Ča nisi bila u crikvi?* Majka je odgovorila: *Papa je mrtav.* Mene je bilo sram. Ona je bila u crikvi. Potom u bolnici. Otvorila je bolesničku sobu. Otac ju je zagledao: Lipo da si došla. Majka ga je kušnula i prošla obisiti svoju jupu. Kad se je vrnula k stelji, je otac bio mrtav. Ljubezno očekivanje.

Smrt oca. Pokop u Fileжu. Dani posjećivanja i povidanja o očevoj smrti. Opet i opet potresivanje, opet i opet je bolilo. K tomu spominjanja i štorice i skupni doživljaji. Ali i strahovitosti. I to mi ljubimo. Mnogi su povidali o strašni zlamenka, misteriozni momenti istoga dana. Svenek uprav u vrimenu smrtne ure. Jedna ujna je čula korake u praznoj kuhinji, drugi striči je opazio kako se je gibao firong u hiži prez vjetra i ćutio je dah. Kot drugih su ostale stati ure, a treti su sanjali da se je moja mat s ocem pokazala u bijelom kljatu. Noć pred tim. Ja sam bio bojažljivo dite. Povidanja me nisu utišila. Uz očeva sada škura vrata prošao sam friže mimo nego prije.

Moje selo je ljubilo znake i čudesa. Osebujna ganjka mi je bila ptica „Komm-mit". Nje cvrkutanje je glušalo kot „hodi s manom", po nimšku „Komm mit!". I svaku noć, kad ptica cvrkuće u našoj cesti „Komm mit", si smrt dojde po jednu ili jednoga. „Komm mit!" – hodi s manom u smrt. Toliko o mistiki. Ali „Komm mit!" je bilo izričito po nimšku. U hrvatskogovorećem selu? A kako je to bilo onda prije kad još nijedan nije razumio nimški u selu?

Mojega oca su doprimili za pokop na Filež. Novo pogrebno poduzeće Steiger bilo je dar božji i pomoglo urediti svu tada još dosta raskošnu birokraciju. Oca su položili u roditeljskom stanu na mrtvačke daske u spavaćoj sobi. Moj stariotac s očeve strani i njegov brat su se oženili za moju starumajku i nje sestru. Dva i dva. Svi četiri su stanovali u istom stanu. Moji staristarji najpr, a moj stric i strina odzad, imenom „Zadnjevi". Na smrt mojega oca su se po trinaesti ljeti po prvi put opet pominali jedan s drugim – gomila je stala pet centimetrov prik. Ja sam rado poiskao strica i strinu kad sam htio dojti k mojim starimstarjim na pohod. Njeva kćer se je odselila u Kanadu. Kot dičakić sam ju bio sprohoditi na letilišće i ona mi je darovala dolar. Ja sam bio bogat.

Po smrti moje staremajke s očeve strani je stariotac počeo s rastokom. Neka vrst omladinskoga centra za seniore. Vino je sam načinjao. Jedno staklo za 48 groši. Stari muži sidili su ure dugo uz jedno staklo na veži. Čudakrat prez riči. Morebit dvi. A kad sam ja došao, sam morao svenek povidati. Sve su kanili znati. I naravno: *Rudi, imaš jur družicu?* Za rastanak sam dostao zvećega 10 šilingov. Pohod se je isplatio.

Otac je ležao dva dni u otvorenom lijesu u spavaćoj sobi svojih roditeljev. Dva dni dugo je dohadjalo čuda ljudi, molili su i jačili, zbogomdavali i nas pomilovali. Svaki pohod bol i suze. Med drugim su i lipe doživljaje povidali ili još i vesele anegdote. Naokolo očevoga lijesa žene, u veži muži. Žene su molile, a muži su povidali. Noću su koč pili i žgano. Koč je ki spao sa stolca. Kratko uzrujavanje i opet ponajzad u poziciju žalovanja. Pokidob sam bio stoprv četrnaest, smio sam drugu noć spati kod ujne i ujče.

Drugi dan jutro je bio lijes zatvoren. Uzbunjeno opisivanje noćne drame: Najednoč da se je pokazao na licu mojega oca plav štraf. To su barem svi vidili. Neki su se bojali da će puknuti, drugi su brbljali od nutarnjih plinov. Zatvorili su oca brzo pokrovom. Ostalo je nelagodno.

Na pokop je došla i šefica moje matere. Poduzetnica je došla na pokop k svojoj službenoj. Sto kilometrov daleko. Šefica je upoznala naše selo. Barem malo.

Stotina ljudstva, kitice, jačenje, nošenje, muzika i tamjan. Materina šefica svladano: *Ovo je pogreb kot za državnoga predsjednika!* Majka je tu rečenicu čudakrat ponovila. Na koncu mi sve častimo. Takovi smo. Kad je pak išlo prema grobu, su se zdigli glasi zborov. Ovde fileški muški zbor, čiji muži su došli ravno s polja ili djelaonice. Onde žalujuće žene, čije stalno jačenje neka melje tugu kot mlinski kamen. A onda svi. Stotina. Majkina šefica još svenek svladana: *Muški zbor sliši u državnu operu!*

Moj otac je umro sredinom svojih četrdesetih. Puno naših djelačev-pendlerov je umrlo sredinom četrdesetih. Otac, ujči, striči, daljnji stric, prijatelj oca. Mi smo bižali od pokopa do pokopa. Njevo jerbinstvo se je slilo u moju djelatnu medicinu. Ferijev otac još živi. On je 96. I on je bio djelač na gradilišću. Jedan smrtni slučaj ga je zvao najzad na paoriju. Ujči Karol je preuzeo seljačtvo. Onde je bio sam svoj gospodar, a u selu ukorenjen. On živi još danas sa svojom ženom, s ujnom Morgitom. I ona je 96. Ujna Morgit, ka je prepovidala šandaru jilo.

Mi dica

„majkine ere"

Kad je majka bila s manom noseća, su moji roditelji bili seljaki. Na dvoru sa starimistarjimi oca i trimi sestrami. Ja sam se rodio u stanu starihstarjih. Moja majka je djelala na polju kad sam se rivati začeo. Naše rodilišće je bila kamra u našem stanu, tlo od nabite zemlje. Teta Baba je pomagala mojoj majki i meni. Majka je preživila zdrava kot i dite.

Moji roditelji su morali vrijeda po mojem rodjenju napustiti seljački dvor očevih roditeljev. Oni su se vjenčali iz ljubavi, protiv volje njegovih starjih. Ljubavna hištva su se rijetko rado imala. Roditelji mojega oca su se ćutili kot „bogati seljaki" i su gledali majčine roditelje za „siromašne seljake". Oni su kanili bogatiju zaručnju, a ne moju majku. Otac je kanio samo majku. Oni ju nisu kanili. Kot prvorodjeni sin bi otac dostao jerbinstvo. Poljodjelstvo i lapte, tim i moja mat. I sestre mojega oca ju nisu htile. Za moje roditelje to nije nastao dom. Tako počinje čuda migracije.

U Beču su začeli od ničesa i počeli kot prigledniki stana. Najprvo u Leopoldstadtu. Onda u Erdbergu. A onda prvi put kot gradjevinski djelač i službena u Rudolfsheim-Fünfhausu. Napredovanje. Prvo lično kupljeno pohištvo kot dokaz sposobnosti vlašće egzistencije. Dva ormari puni gizdosti. Pri selidbi su je slabo uškodili. Mala ogrebotina na daski ormara je krvavila desetljeća. Pohištvo je bilo sveto. Kašnje je moja majka dostala mjesto kot službena i čuvarica kod Petra Vogela i Gertraude Jesserer. Obadvimi su glumci na Burgteatru. Njeva dica su ljubila majku. Hižni par isto. U „Kurier"-u je Gertraud Jesserer povidala da se jedna djundja skrbi za dicu. Majka je bila ta „djundja". Kakov nakit! Moja mat je ta članak „Kurier"-a svim u cesti pročitala, svenek i svenek glasno. Svi su se čudili majčinoj znamenitosti, a nje znamenitost je kako-tako spala i na sve druge u našoj cesti.

Saša, sin Gertraude Jesserer, se je rado zjalavio s mojom materom. Majka je „oživila" mrtvu kokoš za supu tako da je otvarala usta kad ju je moja majka za vrat vukla. Saša je od straha protekao i se vrnuo opet pažljivo. I opet je majka povukla za kožu na vratu i opet je Saša protekao. Kašnje dao je svoj debi u austrijanskoj produkciji „Herzflimmern". Nastao je fotograf, strastven bojni reporter. U najtužnijem svih bojev protekao je prerano na letilišće u Zagrebu.

Gertraud Jesserer i Peter Vogel su živili u jednom divnom stanu u potkrovlju na Alsergrundu. Plafon od stakla, kupaonica sa svim, filmski projektor, Charlie-Chaplin filmi, Fred Perry-polo, štap za dirigiranje. Peter Vogel mi je darovao polo. Ja sam bio osam i to nisam znao pravo cijeniti. Nosio sam Fred Perry-lajblj dokle nisam spoznao svoje žene, s dvajset dvimi. Spočetka mi je morao biti jako velik. Kot sin službene živiš u mnogi sviti, učiš se ča je moguće. Jednoga dana je majka završila svoj posao kot djundja. Vogel i Jesserer su nas došli poiskati u Rudolfsheim, u hižu i kuhinju. Sa svojom dicom. Oni su kanili da majka opet dojde. Jur je bio čas antiautoritarnoga odgoja. Dica su smila skoro sve, a „NE" je bilo rijetko. Dica su šturmala kroz naš mali stan, tukla svim mogućim ča su dostala u ruke. Pred svim na pohištvo. Majčino svetišće. Ja sam trpio s materom. Majka je mučala.

Svakih pet ljet su dali zmoljati hižu i kuhinju. I moljar je bio iz Fileža. Ali on nije bio sam moljar i ličilac, nego i pravi „slikar". Zvao se je Angeli, ali on nije bio jedan od vrle fele. I dobro tako. Pri moljanju su postavili majkin ormar u sredinu hiže. Kot vagenburg, sa zadnjim dijelom najpr. Tako su packe od farbe spadale na zadnji dio ormara, a to nije bila katastrofa. Moj otac i Angeli su se rado šalili o seksu. Kot skoro svi fileški muži. Majka i ujna su se smijale. Angeli je rekao, on zna trimi potezi nacrtati golu ženu. Najava, ka je zbudila u meni znatiželju. Najava u jednu dob kad su črne gredice htile pokrivati još svake prsi. Naravno da sam morao gledati kraj. A Angeli je počeo crtati. Jedan, dva, tri – ja sam bio zvana sebe: kontura gole žene. A tomu još dvi točke. Moj prvi pin-up se je zažgao u moju pamet.

Tada sam ja hodio u dičji vrtić od „Kinderfreunde" u Beču. Igrali smo se u dvoru. Teta Emmi nam je dala moljati na dvoru. Neka kredom ča lipoga naslikamo na tla dvora. Cestno slikanje. Ja sam odmah znao ča kanim namoljati: golu ženu s trimi potezi. Namoljao sam prvu i prosio tetu Emmi za odziv: *Tante Emmi, glej!* Ona je bila u razgovoru s drugimi i rekla je samo, prez da dobro pogleda: *Jako lipo!* Bio sam gizdav da joj se je vidila moja gola žena. Svoj razgovor je završila stoprv kod moje dvanaeste gole žene. Vikanje i panika. Direktorica je gledala s drugoga kata na skoro trinaest golih žen. I ona, vikanje i panika. Ja nisam razumio tu uzrujanost. Gola žena nije bilo ništ zloga. K svemu tomu s trimi potezi. Dali su mi mokru spužvu i morao sam sve gole žene izbrisati. Kot rezultat vode, krede i spužve su moje dvanaestere gole žene preživile nekoliko dan. Blijedimi, zato ali debelimi potezi.

Moju mat su većkrat citirali u dičji vrtić. Upozoravali su zbog moje pokvarenosti. Smio sam sprohadjati divičice-prijateljice na dičji klozet i paziti na nje. Divičice su tako kanile. Pred čim ili kim sam je morao čuvati, mi nije bilo jasno. Ali ja sam bio gizdav da su mene izibrale. Da je došlo i do sramotnosti, u osjetljivoj starosti od pet do šest ljet. Ujna Marica je svitovala mojoj majki neka mi već ne daje jaj za jisti. Misece duga terapija. Prez hasni.

Došao sam u osnovnu školu. Bio sam gizdavo dite, ar od mala su mi govorili svi na selu: *Budi gizdav da si Hrvat!* Vrime nacijov nije još bilo niti dvajset ljet prošlo. Antislavizam je bila svakidašnjica, jur stoljeća dugo. Moja učiteljica je obrazovana za vrime nacijov. Dica apotekarov i poduzetnikov neka pohadjaju gimnaziju. Ona iz djelatničkoga stališa ne. A ki je imao hrvatski kot materinski jezik, uopće ne. Još dugo pred tim kad je tirkizna ministrica za integraciju stavila na dicu prez znanja nimškoga jezika pečat problematičnih medvidov i tim davala onim s nimškim materinskim jezikom prednost. U četvrtom razredu osnovne škole je mojoj majki razložila da sam prebedav za gimnaziju.

No dobro, odnos k svojoj učiteljici nije začeo dobro. Jur u prvoj svidodžbi sam imao – kot jedini – u ponašanju dvojku. Za mene je bila dvojka dobra ocjena. Za učiteljstvo ne. Jednoč je sunce svitilo u razred, nastalo je vruće i ja sam si svlikao košulju. Jednoč sam bio gladan pak sam zagrizao u žemlju s kobasicom – za vrime podučavanja. Onda je bila i moja legastenija ovde – sprogovarao sam gašperl namjesto kašperl. Prem svih opomenov.

Ada sam išao u glavnu školu. Onde mi veli moj razrednik: *Karazman, odakle je tvoje ime? Iz Gradišća? Ča, ti govoriš i hrvatski? Onda nam moraš jednu jačku po hrvatsku zjačiti.* Ja sam si jačio Marica rožica. Prijatelji u poslidnjoj klupi su se glasno nasmihovali. Išao sam u A-razred i zaljubio se u Lilo Heiter. Kupio sam si ekstra spomenar i prosio sam ju da mi kot prva ča zapiše u spomenar. Ufao sam se da će ju ta čast s moje strani činiti zaljubljenom u mene. Pisala je: „Djelaj kot sunčane ure, broji samo vedre ure. Tvoja Lilo Heiter“. Vedro i veselo je bilo i s B-razredom. S divičicami. One su bile tjelovno jur zrelije. Glavna škola je bila ok.

Walter je pohadjao B-razred. On je bio moj tovaruš, skupno pričešćanje, skupni put u školu. Majka mi je naznanila presenećenje: *Imam presenećenje za tebe. Pandiljak ćeš pojti u gimnaziju.* Majki glavna škola nije dala mira. Skoro sva fileška dica su pohadjala gimnaziju. Samo ja ne. Majka je bila ambiciozna. I s manom. S mojom svidodžbom iz glavne škole je prošla subotu u gimnaziju i pitala portira: *Morem govoriti s direktorom?* Svidodžba je bila lipa. Glavna škola je onda jur bila laka. Direktor je odgovorio: *Vaš sin more pandiljak početi!* Ja sam počeo pandiljak u jednom bordo-črljenom pulunderu s V-izreskom. Dobro su me ponjuškali i primili me. Neka se u svakoj novoj uri predstavim rečenicom „Prosim, ja sam novi!“. Mnogi govoru o „Kreiskyjevoj“ dobi, ali ja sam bio dite „majkine ere“.

Sada je majka bila jako gizdava. Iako je ljeta dugo duralo preokrenuti dovoljne ili nedovoljne ocjene u dobre ili vrlo dobre. Nitko nije opazio moju legasteniju. Mi smo bili hrvatskogovoreća obitelj, a nimški je bio tudji jezik. Obitelj je bila zadovoljna da znaju nimški i korektno pisati „Öll“ ili „Senft“. U gimnaziji si dostao za tri falinge u pravopisu pri školskom djelu za nimški jezik peticu. Tri!!! Šefica moje majke je preskrbila dvi knjige za vježbanje pravopisa i je dala mojoj majki, ka je onda s manom svaki dan uru vježbala. I ona se je pri tom učila, ali i nadalje pisala „Öll“ i „Senft“. Ocjene su postale zadovoljavajuće i dobre – kada-tada još i vrlo dobre.

I otac se je koč-toč učio s manom. Na primjer engleske nove riči: *Ča znači „dost" po englesku?* Ja sam odgovorio: *„Inaf".* Otac je rekao: *Ne, to se zove „enogh".* Mi dva se nismo svenek razumili. A engleski jezik je ostala moja slaba točka do mature. Učitelj nimškoga jezika je bio moj najdraži učitelj. Ja sam bio njegov najdraži školar. A k svemu tomu se je zvao Marinovich. Majka je bila sigurna da je Hrvat. On je bio i nje najdraži učitelj. Povidao nam je svenek o marljivosti i čistoći, o nimškoj naciji, o pravu i uredbi. I o FPÖ-u. Moje ocjene su nastajale od razreda do razreda bolje. Ja sam postao njegov primjerni učenik. Bio sam trinaest ljet star, a stariotac me pita, za koga bi ja glasovao. Rekao sam: *SPÖ, ali moguće i FPÖ.* Stariotac: *Rudi, te ne smiš nikada odibrat, to su naciji.* „Ne, stariotac, ti su za marljivost i uredbu." *Rudi, to su naciji. Za vrime poslidnjih bojnih dan je SS išao kroz selo i vikali su: Za židovi ste vi na red! FPÖ su naciji! Neka za nje glasovat!* Ja sam bio staromuocu vjeran do smrti. Mislim da su STS imali istoga.

U poslidnji dani boja je SS sazvao poslidnju mobilizaciju. Istočni nasip. Prema koncu boja su SS-u sfalili ljudi. Kot nadčloviki su morali biti tjelovno veliki, da moru doli gledati na druge ljude. SS-muži su morali biti 1,90 metrov veliki.

U poslidnji tajedni se već nije našlo arijcev većih od 1,90 metrov i tako su velikaški gospodini morali poseći i na manjevridne muže. Rekrutirali su i hrvatske muže od 1,90 m. Ujac Mate je bio prik 1,90 i njega su tetovirali. Najprvo su nas kanili umoriti, a onda neka mi za nje umaramo. Ujči već nije tribao na posao i je ostao te tri tajedne nekrivičan. Numera mu je ostala na ruki. O tomu ali skoro nikada nije spala ni rič.

Isto tako i o jednom ruskom mladencu ne. Oca, ujču i mlade ljude su s osamnaestimi silovali u boj. Njeva djelatna snaga je falila u seljačkom stanu. Dokle su otac i drugi mladenci bili u Sovjetskom Savezu sa zlom, silovali su mlade ljude iz Sovjetskoga Saveza na djelo u seljački stani u Austriji. I u fileški seljački stani. Tako je dospio jedan ruski mladenac, malo starji od moje majke, u naš seljački stan. On je djelao i pomagao. Dostao je hranu, a spao je u štali kod krav. Stariotac je bio panslavist, kršćan i pun poštovanja. Staramajka isto tako. Majka me je stoprv kratko pred svojoj smrti napala sa spominanjem na toga mladenca. Udarac. Niti riči ne prije. *Majka, ča se je s njim dogodilo? – Mr znaš inako, ča su onda stvarali, došli su po njega.* I ovo črna zvijezda. Stoprv puno kašnje, kot psihijatar, razumio sam već o plakanju mojega oca, zvećega petkom navečer. Petak je moja majka došla prije s djela domom, ja sam išao po nju, kupili smo na sajmu kobasice i Fru-Fru. Ostali smo malo duže u našoj maloj kuhinji zajedno. Otac je popio malo vina, ne čuda, ali dosta za suze. Ja nisam razumio. Otac, ki se plače! „Strašno je bilo u boju, ja ti ne morem povidat, ča smo sve učinili." Oca su pozvali u vojsku sa sedamnaestimi ljeti na umaranje u Sovjetski Savez. Otac mi je većkrat išao blizu. Sa suzami kot i s udarci. Ljeta po njegovoj smrti sam shvatio njegove simptome kot posttraumatski stresni poremećaj. Flashback na oca. Majka je bila gizdava na gimnaziju. I na mene. Pretpostavka da sam bio lipo obličen. Dostao sam svaku pratež ku sam si željio. S trinaestimi jedne hlače od samita za sedamsto šilingov. 1968. U istoj lodni kupio hlače kot nje mladi šef. Gizdost nije glavni grih, nego vračtvo za rane svake vrsti. Majka si je ispunila s manom svoje neostvarene želje iz mladosti.

Moja majka je rado i čuda šila i štrikala. Za nje malu sestru Maricu, skupa sa svojom družicom, istu pratež i pulovere za mene. Kod štrikanja je imala i granice. Ar izrizak pulovera naštrikati duplo se majki nije ugodalo. I tako moji puloveri okolo vrata nisu bili čisto gotovi. Izgledali su jednostavno negotovo. Ali to je bilo hip, vrime za hipije. Pratež je morala biti malo uškodjena. Kot svit. Optužba i protest. I tako sam nosio majčine pulovere rado u školu. Moji prijatelji su jedan drugoga nadmašili čudjenjem za negotovimi puloveri. Ja sam rekao da je majka bila dizajnerica, a oni su prosili ne bi li majka mogla i njim naštrikati negotov pulover. Majka je smogla. U osmom razredu smo sidili dvanaestimi s negotovimi puloveri moje majke u razredu. Za svakoga sam dostao deset šilingov. Majka je bila jako gizdava. Moji prijatelji su ljubili moju majku. I kot odrasli: Kako ide Matildi?

Moja naobrazba za psihoterapiju se zove egzistencijalna analiza ili logoterapija. Moja učiteljica je bila divna, kot žena i kot terapeutkinja.

Ona nam je otvorila, kot familiji, veliku sriću. Upeljala me je u mojoj naobrazbenoj terapiji do evidencije moje egzistencije, do moje „sudbine". Ku misiju sam si sam dao u svojoj unutrašnjosti? Peljala me je pitanji i najednoč se je u meni pojavila slika: dičak, svitlo rasvićen u toploj svići, u škurini prostora dvi osobe, s očima na dičaku. Kad sam se približio, sam prepoznao te dvi osobe kot moje roditelje. Moje svitlo je je teplilo u mrzlom hladu. Moja misija je bila svititi, bliskati, njev žitak razvidniti. Bliskanje dice kot pojas za spašavanje migrantov.

Inge i ja već nismo bili migranti. Mi smo jur zdavno prispili. Moja žena, rodjena u Beču, s imenom pemskoga porijekla, ja u Filežu, a Niklas u obadvi sviti. Niklas se je upisao u fileški tenis-klub. Nije razumio hrvatski, ali oni su se razumili. Kot dičak je jur držao tenis-tečaje za dicu. Pandiljak su bila troja dica, utorak pet, a srijedu ih je bilo jur deset. Med fileškom dicom se je širila vist: ovde je jedan Niki, ta je ljubezan, kod njega je veselo. Niki nije samo davao, on je i čuda primio.

Niklas je nastao dvanaest. Nedilju u pol jedanaestoj na Filežu. U crikvi Sveta maša. Telefon nas je zbudio. Majka iz Beča. Kot svenek – jako glasno: *Si jur čuo? Niki miliištrira u crikvi!* Bio sam presenećen, ar maša je još durala: *Kako to znaš? Ti si u Beču!* No da: susjeda nje sestre, moje ujne Marice, iz Mjenova, je svetu mašu onde zamudila i zato prošla na Filež k maši. Ona je prepoznala Nikija kot miliištranta na oltaru. Sa svojim prijateljem Davidom. Ona je veljek prošla iz crikve i protekla ponajzad u Mjenovo k mojoj ujni – *Marica, Niklas miliištrira na Filežu!* Moja teta u Mjenovu je odmah posegla za telefon i nazvala moju majku u Beču: *Tilda, Niklas miliištrira na Filežu!* A moja mat je zela telefon u ruke i nazvala iz Beča na Filež: *Rudi, Niklas miliištrira na Filežu.* To sve u deseti minuta. World wide web po hrvatsku.

Drugu nedilju je moja ujna prošla iz Mjenova sama na Filež k maši. Ona mora viditi Nikija miliištrirati. Ali nije ga vidila. Razočarano je nazvala Beč: *Niki nije miliištrovao. Nek David i jedna divičica s dužičkimi vlasi!* Niki je imao dužičke vlase.

Moja ujna je bila jako uljudna. Veselila se je svenek s manom i bila je vesela. Kot mlada divojka je i ona služila u Beču. A navečer je bio tanac u pivnici „Mondscheinkeller" u Neubaugasse. Tada je Mondscheinkeller bio lokal za tancanje sa šlager-muzikom i dekoriran palmami. Tamo je išlo čuda mladih ljudi na tanac, i iz Fileža. Dvajset ljet kašnje sam i ja tamo išao, tancati. Mondscheinkeller je postao diskotekom i se je sada zvao „Camera obscura". I bila je dugokosa, zloglasna i za mnoge opskurna.

Moja mat je šila mojoj ujni zvanaredne kljate, i za tanac. Pinez je bilo malo, ali talentov mnogo. Moja ujna je bila svenek sjajno spravna. Pratež je bila u Filežu velika tema. Nediljom se je pretvorila glavna cesta u prêt-à-porter kade se je gizdavo prezentiralo sve novo. Kljati, taške, jupe, krljače. Iz stani se je za firongi gledalo: *Si vidila kakovu novu tašku ima Julka?* Oholija nedilju nije bila glavni grih.

Odijelo je bilo za oce i ditiće obavezno. Kot hipi je zato bilo čudakrat svadje, ali džinsi nisu išli. Jedne nedilje je naš susjed Willi, poduzetnik u Beču, bio u crikvi u džinsi. Diskusije cijele grupe ljudi pred našim stanom: *Willi, zač ti ideš s džinsi va crikvu? – Ja sam poduzetnik i nosim cijeli tajedan odijelo. A kad je nedilja nešto posebnoga, si obličem džinse.* Razlaganje je pasalo. Vrime za objed.

Filež je živio dijalektiku, slogu i naticanje. Naticanj med stanovniki je bilo čuda. Traktor, žatva, pratež, dica, frizura, tancanje. Principijelno sve je moglo nastati naticanjem. I kuhinje. Kuhinje su bile važne i velike. Čuda pinez. Najbolji aparati. Najbolje drivo. Najbolje keramik-pločice. Ali, nitko nije kuhao u ti kuhinja, nego svi u kakovi vežica kade-tade odzad u stanu. Kuhinje su bile za pokazati, da se svitu, za čudjenje, samo ne za kuhanje. Showroom po hrvatsku.

I med ženami je bilo naticanj. Frizura, taška, jasno. Ali i: „Koga ti voliš?" Liz ili Burtona? Bäumler ili Kilius? Soraya ili Farah Diba? To su bile žene perzijskoga šaha, yellow-press-marioneta CIA-a s istim krvavim terorom kot ajatolahe danas. Šah je ostavio jednu da se za drugu oženi. On se nije niti mojoj majki niti mojim ujnam vidio. Ali Soraya i Farah Diba su im se dopadale. Role models kot frizurov i taškov.

Naticanj je bilo med ženami i zbog muži. No da, zapravo samo za jednoga: Juri Gagarin. Prvi človik u svemiru. On je bio vitez. Snažan je bio. Posmihovao se je mnogo. On je bio superstar i imao je flair. I majka pak ujne su mnogo diskutirale o sovjetskoj astronautiki: *Ku od nas bi zeo za ženu?* Kad je gdo-ta pregovorio da je on sigurno komunist, mu se je stariotac zavezao: *Rusi su Slavi kot i mi, tako je i on sigurno dobar človik!*

„Sveti Jandre"
i andjeo čuvar

Mojega starogaoca zvali su ljubezno „Sveti Jandre". Mi smo svaki dan molili. Nekoliko uri. Molili smo kad smo se zbudili, pred ručenjem, po ručenju, pred južinom kratko, po južini malo duže, objed, vičera i – sigurno je sigurno – i pred spavanjem u postelji. Prilično dvi ure smo molili svaki dan. Točnije rečeno: po djelatniki. Nediljom smo molili već, a na svetke uopće. Na Veliki petak i Vazmenu nedilju je to jur bilo teško djelo. S tisućimi urami molitve mi je moje mjesto u nebu osigurano. Ja sam sigurno već molio nego grišio. Nažalost. Jur samo na Veliki petak je liturgija durala u crikvi tri ure. Muka Kristuševa se je jačila. Sa svimi peršonami. Jezuš, Poncijuš Pilatuš, Marija, Barabaš, Magdalena. Jačili su samo muži, jedni visoko, drugi diboko. Po goristajanju su majka i tete dale posmijuće svoje kritike: *Tonac je jačio ženu ...* Tonac je bio majkin najdraži bratić. Snažan bratić. Posmih kot Hugh Grant.

Ako su došli susjedi ili prijatelji pri molitvi k nam, im je dao stariotac znak da molu s nami skupa. Stariotac je bio respektirana ličnost. Susjedi su postali pažljivi. Pod oblokom naše kuhinje su kujcali nutar je li je još tamjana u zraku. Majka je razumila susjede. Majka se je sjela tako da je vidila na oblok van i ako je gdo došao, dala mu je glavom znak: *Poj, dojdi kašnje!*

Na putu u crikvu sam došao do Ferijevoga stana. Onde smo kurili cigaretu. Naše prve. Zasvićevalo nam se je. Bili smo četrnaest. Marka se je zvala Kent. „Čisto u bijelom" i plemenita. Onda u crikvu na galeriju. Zdola na livo su sidile žene i divojke. Na pravo zdola su sidili starji muži. Mi smo gledali na livo. Koč-toč smo se pokleknuli i smo opet gledali na livo. Kod neke lipotice smo se jedan drugoga pogledali. Naše divičice su bile jako snažne.

Na zidi odzad je stala spovidnica. Ja sam se rijetko spovidao, ar sam svoje grihe izbrisao tisućimi molitvami. Ipak mi se je stara-majka svenek grozila: *... ako se ide ki pričestiti i ima još grih, onda mu oštija more ostati štekati u dušniku ...* Za svaku sigurnost sam se spovidao.

Jednoga dana je farnik dao zalipiti na obadva obločiće svoje spo-vidnice plastičnu foliju. Samo mali razriz zdola si je ostavio da more skroz porinuti kipiće svecov ke smo dostali za uspješnu spovid. Na prodikaonici se je farnik tužio da mu smrdi po alkoholu pri spovidi. Plastična folija neka ga čuva od alkoholne duhe onih ki su se došli spovidati. Muži su se rijetko išli spovidati.

Najlipše pri Božjoj službi je bilo jačenje žen. Naravno glasno i grle-no. Stotine. Čuda crikvenih jačak je glušalo nadnaravno lipo. Ose-bujno lipo je bilo jačenje pri vičernji, nediljom u tri otpodne. Vičernja nije bila obavezna, nju zamuditi nije bio grih. Na vičernju su išle skoro samo žene. Blizu tristo žen. Došle su da si jaču. Žene su zajačile, a crikva se je podignula i odletila. Tako lipo. Mi dica smo išli po vičernji u kino. Čudakrat Stan Laurel i Oliver Hardy. Ili Sindbad, mornar. Na putu tamo svenek malo drapanje. Ki-ta svenek kot „polu-jak". Pohod kina je završio u sedamdeseti ljeti. Najdiskutiraniji film je bio Dr. Živago. Predmet diskusijov je bio je li je scena s golom ženskom zadnjicom bila najvažnija u filmu ili ne? Diskutirali su zapravo samo muži.

Vizavi od kina kaštel obitelji Zichy. Ugarsko plemstvo iz ugarske dobe. Do 1918. Držali su naše starestarje kot kmete. Po hrvatsku govoriti bilo je prepovidano. Samo doma i u crikvi se je smilo govoriti po hrvatsku. Tako su dom i crikva postali centralne štacije hrvatskoga žitka. Staristarji su morali djelati na grofovskom polju. Stariotac je rodjen 1900., a staramajka 1902. Stariotac je djelao na laptu, uza njega tovaruš, sprogovorili su par hrvatskih rečenic. Čuvar je je čuo i stukao je baticom.

Kašnje se je jedan nadglednik zvao Franz Murer. Od 1934. do 1938. nadzornik kod Zichyev. Gorući „naci", vjerojatno kod ilegalac, od 1941 NS-povjerenik u Vilnius i kašnje poznat kao „koljač od Wilne". Dao je umoriti 70.000 Židovov u ondešnjem getu. U procesu bojnih zločincev po boju u Gracu zatajao je sve. I odvezali su ga od optužbe. Njegovi sini su se rugali svidokom. Jedan sin postao je kašnje poslanik FPÖ-a. Njegova čast zove se vjernost.

Grofi nisu bili jako obljubljeni kot hrvatskogovorećih ljudi. Stariotac s očeve strani jačio je rado jednu jačku:

Subota – navečer, fajromt!

Tiglam si svoj sako i svoje plundre i idem svečevati. Šampanjerom.

I veselim se da već ne tribam grofu ništ predati.

Neka vrst domaće himne mojih starihstarjih. Martin Jordanich, arhivar našega hrvatskoga življenja, je spasio jačenje starogaoca na vrpci i mi ju darovao za priloženi CD.

Orijaško imanje zemljišća je ostalo Zichyjem i po 1921. ljetu kad je zapadni dio Ugarske postao Gradišćem. Zichy-plemstvo je osiromašilo u 1960. ljeti. Djelo nije bilo ništ za aristokrate. Morali su vas

135

grunat prodati i projti. Moji roditelji, sa stanom u Beču s jednom hižicom i malom kuhinjom, su šparali i kupili od grofa par lapat. Vjetrić bune puhao je kroz naš malu stambenu jedinicu. Najprvo sridnji lapat, onda veliki. Lapti su garancija za opstanak. I u idućoj generaciji. Grofovska obitelj imala je u crikvi ložu. Kad je obitelj stupila kroz ložu u crikvu, smo se morali svi stati. U sedamdeseti ljeti! Nekada se je ugarsko Zichy-plemstvo zaručilo s Pfersman-plemstvom u Belgiji. Pra-pra-nećakinja bila mi je kolegica na sveučilišnoj kliniki. S Verom me je mnogo ča vezalo, ona je bila protiv rasizma i seksizma i jako snažna. A skupa smo djelali dobrovoljno za Psihosocijalnu službu u staroj bolnici u Borti. Vera je peljala na prvom katu ambulantu za narkomane. Ja uza nju sa socijalnimi radniki psihijatričnu ambulantu. U prizemlju savjetovališće za Rome.
Romi su dostali savjetovališće stoprv po umorstvu četirih Romov na rubu Borte. Četiri muži išli su u noći domom. Tablica s natpisom „Romi najzad u Indiju" je je provocirala. Muži su ju skinuli. Vrpca za paljenje je aktivirala bombu i ti četiri muži su umrli. Jedno daljnje poglavlje „Konačnoga rješenja ciganskoga pitanja" bivšega naci-gaulajtera Portschyja. Državni pogreb, nazoči su bili predsjednik, kancelar i ministri. Subotu otpodne. Sunce je stalo diboko. Inge noseća i diboko potresena. S cimitora je nosilo muziku Samer-benda. Niti človika nije bilo na cesta u Borti. Kumaj Bortancev pri pokopu. Stoprv dugo potom su se ceste opet napunile.
Grobi grofovske obitelji u Filežu ležu u lozi, zvanom Fenyves. Nadgrobni kameni su trojezični. Ugarski, hrvatski i nimški. Barem onde je bio hrvatski dozvoljen. Jedan lozni put povezuje grobe s kaštelom. Jednoč su u kaštelu snimali film. Volker Schlöndorff s Margarethom von Trotta: „Der Fangschuss". Cijeli Filež je glumio. Kot pomagači, komparzi, rukotvorci ili sa živinami. Kamera-ekipe su tribale hranu i kvartire. Irma je imala dužu ulogu kot kuhinjska službena i je jako dobro glumila. Za kratko vrime Filecitta.
Jedno vrime išao je glas da će se okolo kaštela načiniti mjesto za igranje golfa s hotelom. S japanskimi financijeri. Tako je povidao grof. Tribao je pinez za joint venture i Raika mu je dala kredit. Moja

majka se nije igrala golf, ali ipak se je veselila igrališću za golf i bila čisto zvana sebe: *Rudi, ufam se da će cesta pojti kroz naše polje na golf-igrališće, onda smo bogati.* I ja sam se ufao. Cesta nije došla, i kroz drugo polje ne. Najednoč već nije bilo nikakovih Japancev. Zichy je prošao iz Fileža, a dug je ostavio. Out of Bounds.

U pokrajini okolo Fileža je stalo mnogih ostatkov grofovskoga marofa. Zvanaredno za pustolovna igrališća. Štale i zgrade bile su porušene. Strahovit kraj. Približavanje k njim, dokaz hrabrosti. Ako je pri hodanju zapucala ka kita ili su neka vrata zaškripila, smo kričeć pobignuli. Tu „igru" smo se igrali misece dugo. Nikada nismo dospili u nijednu zgradu, ar je svenek ki-ta počeo vikati.

Četrdeset ljet kašnje su moj sin i njegovi tovaruši isto otkrili to mjesto pustolovin. Ali ne kot kauboj i Indijanac, nego za paintball i softgun igre. Kroz dan su pokosili kosilicom i trimerom put za igru kroz halugu. U noći su onda polagali u svići lampe kamen na kamen. Playstation uživo. U jednoj noći dojde policija: *Ča ovde djelate? – Treniramo za vojsku*, rekao je civilni obaveznik. *Pazite na sebe, zemljišće sliši komu, a stupiti na nje je prepovidano.* Policija se je opet odvezla.

Vizavi od grofovskih ostatkov je bio jedan mali, divlji kusić loze pun tajne. „Sitina", čisto nepoznata rič, ne znam ča znači po nimšku. Roditelji i staristarji su nam prepovidali stupiti tamo. U sredini da je jedan zdenac u koga su dica pri igri jur spala nutra. Pogibelna loza. Pravoda i zanimljiva. Jednoga dana smo se mi dičaki iz naše ceste dali na put da si zgradimo u Sitini stan na drivu. Pet vitezov med jedanaest i četrnaest ljet. Sobom smo imali sikiru, uže i upaljač. Zgradili smo huticu na drivu. Visoko zgora. Kurili smo lijane. I bacali smo se sikirom. Sve je išlo dobro, zdenca nismo našli. Otpodne smo se zadovoljno otpravili na put domom, prik lapat k cesti gori. Lapat kot mali brižuljak prema zahajajućemu suncu. Na horicontu se je najednoč pojavio neki sinj. Najprvo nek čisto mali, onda čisto krugao, a onda simo-tamo. Sinj je postao starommajkom: velik strah za svojega najmlajega. Ona je zgubila brate pri igri. Pet dičakov i staramat su se ljuljali po cesti domom.

Staramajka se je čudakrat bojala. Pojavila se je većkrat neočekivano u mojem žitku punom slobode. Moj bratić Manfred je imao pubertet jur za sobom, ja sam bio uprav nutri. Subotu u Caféhaus. Karte. Špriceri. I dvi nepoznate divojke iz susjedskoga sela. Špricer nas je ohrabrio i peljao u smih, kašnje i objamivanja i kuševanje. Divojke su nam bile slične, jedna velika kot Manfred, a druga mala kot ja. Paše. Po polnoći smo kanili – pravi gentlemeni – sprohoditi divojke na Mjenovo. Vidilo se samo malo duplo. Na raskrižju smo zagledali četire osobe. Najprvo nek male, onda krugle, onda pak još nek dvi, a onda pogibelne: majka i staramajka. Naše divojke su volile pojti same na Mjenovo.

Tada su se dva razvitki čudakrat križali s jednim smrtnim dogodjajem. Broj autov med junaki je rasao. I broj feštov za mladinu je rasao. U noći od subote na nedilju je rasao broj prometnih nesrić. Tako je rasao i broj pokopov. I od prijateljev. Čuda smo ih zgubili. Danas imamo disco-buse za našu dicu i njev povratak domom. Zato smo zahvalni.

Ja nisam imao niti mopeda niti auta i sam morao najti prijatelje ki su me pak zeli sobom na fešte u drugi seli. Jednoč s „Baby"-om, nadimak jednoga za nekoliko ljet starjega junaka koga su mlade žene jako cijenile. Zbog njegove nujnosti kot i njegovoga iskustva. Vozili smo se od fešte do fešte i smo kanili od Gerištofa u Lučman. Dvi snažne divojke s nami. Kad je temperatura vode u autu zakipila, razvila se je mala dramatika. Motornu haubu gori, klinasti remen otkinut, a Baby sasvim praktično: *Ki od vas ima štrimfe?* Jedna od žen je potvrdila, Baby je rekao *Prosim* i divojka si je svlikla svoje štrimfe. Baby je motor i generator štrangulirao. I zaistinu smo se dovezli jako polako i ohladjeno ponajzad na Filež. Samo fantazija ostala je vruća.

Ali mi smo strefili pri naši noćni partiji i prave bebe. Caféhaus-Petru i meni se nije ugodalo organizirati si vožnju od jedne fešte najzad na Filež. Tako smo počeli pred puljanskom bolnicom autoštopom, usred noći. Petrovi prekrasni vlasi med Jimi Hendriksom i Angele Davis. Moji dužički do dna plundrov. Škurina. Auto. Reflektori. Kad su nas zagledali, su se počeli voziti još brže. Pucala je zora. I onda nije ostao nijedan stati. Najednoč je jedan auto krenuo iz bolnice van. Ostao je stati, vrata su se otvorila: Sjedite nutar! Feliks iz Fileža nas je prepoznao i nas se nije bojao. On je nastao uprav ocem i njegova žena u bolnici majkom. Čestitali smo i veselili smo se. Feliks je stanovao vizavi našega stana. Kad sam vanstao, vidio sam kako su se firongi gibali malo na stran. Majka i staramajka. Cijelu noć.

Ditinstvo

i poljupci

Na Filežu, u hrvatski seli, broju dica čuda. I mnogo im se dozvoli. Glavno – da je vani. Jednoč je bio lov na divlje svinje, kad se je snig bio utalio, kroz blatne lapte na Fenyves. Zapadali smo pri svakom koraku. Čižme su nam zapadale i pomagali smo jedan drugomu do drugoga koraka. Vrnuli smo se prez divlje svinje, ali i prez zapadjenih čižam. Blatni i mlahavi. Kad smo prispili domom, je bila cesta puna ljudi. Svi su se skrbili za nas. Kad su nas zagledali, su nas okuševali i otprimili u suhotu.

U zimi smo gradili iglue. Onu dob su smeti sniga na početku sela sabrali sniga ča do krova prvoga ili poslidnjega stana. Mi smo u te smete zgradili nutar velike špilje. Iz velikih, čvrstih snižnih ciglov smo napravili stole, klupi, bar. A nutar stavili i tepihe, sviće ili piće.

U ljetu smo zidali drivene hutice. Poli, tada četrnaest, bio je meštar gradjevinstva. I ugodale su mu se još i drivene hutice s jednim katom. U nji smo sabirali kataloge od firme „Quelle", pretežno sa ženskim dolnjim rubljem. Grihe smo spovidali prem da ih nismo ćutili.

Rivaliteta med dičaki u selu je bilo isto. Dolinci protiv Gorincov i protiv Zbočnih. Tako je došlo jednoga dana do historičnoga dueliranja u zimi, vani u snigu, med dičaki iz gornjega dijela sela i dičaki iz dolnjega. Mi smo bili ti iz gornjega dijela, „Briga", ali bilo nas je nek sedam. Ti drugi su bili zdola kod potoka, dvajset sedam ih je bilo. Tajedne dugo smo napravljali strelice i luk, iz leskovoga kića i akacijov tr iz sulice. Jedan luk smo načinili tako veliko da smo ga morali trimi nategnuti, dvimi držati, a jedan je striljao. Ta luk je bilo naše remekdjelo. Ali za upotribiti nije bio. Borba je bila vani na polju, zasniganom i lipom, jednoč je ova stran dobivala, onda opet ona druga, odvisno od toga ka grupa je znala glasnije vikati. Borbi ni kraja ni konca, a polako smo zagladili. Odluka je bila velika diplomacija:

na slamni rakaš smo obisili tok za strelice, a dva peljači su morali odstriljiti strelicu. Dobila je ta vojska čiji peljač je trefio strelicom bliže k toku. Mi smo dobili. Naš peljač je bio Manfred, sin od Tante Bözsi. Moj prijatelj iz ditinstva. Zvana ako smo se bili svadili. Manfred je bio sin ujče Štefana. Ujči Štefan je bio mnogostruko nadaren. Crikveni kantor, zvanaredan jačkar, peljač jednoga big benda, pjevač Graničarov, graditeljski majstor i ljubitelj žen. Tanti Bözsi je to bilo svejedno. I on je bio mesar. Od časa do časa zaklali smo jednu od naših domaćih svinj. Pravoda dramatično, krik, ubod, zdjelica, uloviti, čvrsto držati, leći se na nju. Sve tokom sekundov. Od krvi nastanu pomoću ujče Štefana kobasice. Od masti ocvirki. Od mesa su nastali šnicljini. Jur na objed. Velika toflja na dvoru. Pivo, vino, Ke-li. Pak ocvirki, kobasice, pečenje s friškim kusom kruha od dvih kil teškoga krušnoga hlipca.

Ujča Štefan nam je razjasnio da se rači meso najbolje direktno od svinje. *Ledeni kristali u ledenici zniču vlakno mišićev i vas sok iscuri iz mesa. A onda se meso ne rači po ničemu.* Svi su klimali glavom, šnicljin se je račio još bolje. Svinja i sau-tonc!

Mrtvu svinju su obisili na višala, rasporili na dva dijele i pod nadzorom ujče Štefana zramali. Kod nas su drivena višala stala pod orihom na dvoru. A za orihom naš zahod. Isto driven, stao je nahero, duhom. Protiv propuha tapeciran vrićami od plastike za umjetni gnjoj od BASF-a ili Hoechsta. Bizarno recikliranje. Jednoga dana smo čuli: *Ujči Mate je pjesnik.* Jedna njegova pjesmica visi na zahodu. Nimška. Svi su postali znatiželjni i prošli na zahod.

Dame i gospodo!
Prosim ne serite se na remu.
Serite u sredinu.
To je moja prošnja.

Jednoč pročitano, nikada pozabljeno.

Navečer se je klanje skupno završilo. Trudni. Ocvirki hladni, ali friški za jisti. Kruh još mekak. Pojavljaju se prve noćne trbušne i žučne boli. Ali pred tim još klandranje, povidanje smišic od ujče Štefana. Zvećega u duplom conférenceu s ujčom Jonijem. Kad su postajali fuski, poslali su me spati.

Jednoga dana je imidž ujče Štefana dostao prve ogrebotine. Otvaranjem granice u Ugarsku došlo je do drugoga vala pregaženja granic. Svi su bižali u Madjarsku jisti, kupovati ili k frizeru. Svakidanja hrana i restorani su bili nedozvoljeno lakocjeniji nego kod nas. Filež postao je gurman. Subotom napodne, zastoj pred granicom. Nediljom napodne, još veći. Danas se Ugri vozu k nam kupovati ili djelati ili u čuvarnicu i osnovnu školu.

Kupovanje u Ugarskoj je već puti pregazilo granicu toga ča je bilo dozvoljeno. Filež ima tradiciju šmugljanja. Još i dobru. U željeznici od Šoprona Kerestur se je shranjalo i ulagalo i izmišljavalo ča će se povidati carinaru. Neki su si dali ušiti u jupu drugi sloj, tamo su porinuli maslac. Kada-tada se je utalio, a iz jupe je začelo kapati. Ujča Štefan je ljubio Ugarsku, onde je imao čuda rodbine. Jedne subote se nije vrnuo kot planirano. Nemir. Da su ga uhapšili na granici. Strah. Nedilju, nakon srićnoga povratka domom, povidao je: *Ja sam bio prepogibelan. Držali su me za CIA-agenta.* Sve jasno. Ujča Štefan je bio kantor i imao divan glas. Obrazovanje u jačenju bi ga sigurno bilo peljalo na pozornice opernih stani. Ali toga nije bilo. Ujča Štefan bio je u okolici Fileža zvijezda. Osnovao je i peljao nekoliko muzičkih grup i bendov. Kašnje je osnovao skupa s Feliksom tamburaški ansambl „Graničari". Snimili su ploču imenom „Okolo Fileža". Prva jačka CD-a je vruća turbofolk-jačka. Ansambl Graničari je rasao i dobio nekoliko nagradov svojim umijećem. Od Palma de Mallorce, prik Sankt Peterburga do San Marina. Spin-off je i kazališna grupa Fileža. Kazališće Filež. Takova inicijativa postajala je jur za vrime mojega ditinstva. U zimi je bilo manje djela, a na Božiće su svi iz Beča došli. Kazališna grupa je pomogla premostiti zimske praznike. Kazališće Filež dozvolilo je mladim ljudem u selu igrati kazališnu igru, svakorjačke šalne kusiće. Dupla šala. Kusić i peršone. Igrali su onda u krčmi Divos, našoj krčmi. Krčma je imala pored džukboksa i prirodnoga kegljišća i veliku svetačnu dvoranu s galerijom na prvom katu. Pri kazališnoj igri je mjesto mladine bilo na galeriji. Pažnja mladine u pogledu na kusić je bila skromna. Na galeriji je bilo dost škuro i tako je onde bilo mjesto za flirtanje, kuševanje i pipanje. Smio sam još kot jako mlad muž jednoj starjoj divičici gladiti prsi, ali nek prik oprave. Fajan rip se je zažgao u moju pamet. Kad sam u Beču o tom povidao, kanili su svi prijatelji na Filež. Jedna divojka mi se je jednoč osebujno dobro vidila. I ona s duplim državljanstvom, bečanskim i fileškim. Stali smo jedan uz drugoga. Gledali smo se. Sve već. Zeli smo se za ruke. Poljubili se. I onda čudakrat.

Apsurdno da je moja majka svagdir povidala kako se ja marljivo učim i da me divojke ne zanimaju. *To će si ostavit na kašnje!* Kadgod je nek gdo pitao: *Rudi, imaš jur družicu?* – a to je bilo stalno – odgovorila je majka namjesto mene: *Rudi se marljivo uči i se još ne zanima za divičice.* Jedno krivo kot i drugo.

Hans Vorgoš je bio naš taksi-poduzetnik. Vozio je Ford Transit kim je iz Beča na Filež vozio osam osobov skupa s prtljagom. Posebnost njegove službe je bila da je u Beču došao k stanu po suputnike, a na Filežu je je sklao kod stana. Tako je pobrao moju majku i mene. Mene je posadio svenek najpr uza se, ar ditići slišu najpr. Onda smo pobrali sve druge. Najednoč je stala divojka s galerije i duplim državljanstvom pred manom. Od tih poljupcev se već nismo bili vidili. Zapravo se uopće nismo poznali. I ona je bila vozni gost sa svojimi roditelji. Vorgoš ju je prosio da se sjede uza me, ar divojke slišu uz ditiće. Prepoznali smo se i ja mislim da je i nje srce divlje kucalo. (Ufam se.)

Vorgoš se je šalio i pitao: Rudi, imaš jur družicu? Ja sam se začrljenio, a majka glasno kot svenek: *Rudi se marljivo uči i se ne zanima za divojke. To si ostavlja za kašnje ...* Meni je to bilo tako neugodno, tako neizmjerno neugodno da se tokom cijele vožnje nisam ufao sprogovoriti niti jedne rečenice – ča je situaciju načinilo još neugodnijom. Vidila mi se je još svenek. Ali nismo se već nikada vidili.

I na protuliće tr u ljeti nas je presenetila jedna ili druga kulturna atrakcija. Čarobnjaki su predstavili šar večer s puno čarolije. Imao sam fazu velikoga straha pred nevrimenom. Za vrime čarobnjakovoga čaranja je na Filežu počelo naglo nevrime. Strah me je ulovio sve jače tako da sam protekao domom, u sigurna krila moji starihstarjih. Kad sam došao do stana, sam ulovio za šnolju. U istoj sekundi se je drastično rasiknulo i zagrmilo. Mene je streslo i uštarnuo sam, nisam kanio umriti. Nisam bio siguran, nije li šnolja izazvala strijelu. Malo sam štentao sa šnoljom. Onda sam se ipak svladao. Mokar do kože. Opet ulovim za šnolju – i opet strijela i grmljavina. Na selu razlažemo grmljavinu tim da velimo da se andjeli kegljaju u nebu. To mi ali nije pomoglo, bojao sam se Božje kaštige. Onda po nekom vrimenu treti pokus. I opet isto. Ja sam se predao i vikao i stariotac mi je otvorio vrata: *Zač ne dojdeš nutra? Kako si jako mokar!*

Sa starimistarjimi voziti se na polje je bilo lipo. Kravami smo se vozili. To ide jako polako. Na putu je bilo za krave korito s vodom u hladu stabalja. Bilo je naporno, ali ne uzbudljivo djelo. Pri žatvi nas je bilo na jednom laptu većkrat osam ljudi. Najpr muži s kosami. Oni su kosili žito prignuto ali nenaglo. Žene su im slijedile, jako prignuto, svojimi srpi su nabirale žito. Svi su se držali takta. Kot u baletu. Žito su zavezali u snope. A snopi su se ulagali u križiće. To je bila moja zadaća. Snopi su bili veći od mene. To me je činilo velikim.

Mnogi lapti su bili mali. Nedostatak malih laptićev je bio da se je moralo čudakrat voziti s jednoga lapta na drugi. Zato je od vrime-na na vrime vlast odredila komasaciju. Već lapat se je složilo u je-dan veliki. Vridnost lapta je rasla čim bliže je bio k selu i čim kraća vožnja tamo. Pri komasaciji dohadja zato do premješćenja, a i do nepravičnosti. Neki lapti ćedu sve u svemu bolje ležati, neki ča-to gore. A „ča-to" je jur bilo dost. Neki su ćutili poboljšanje, većina ali počemerenje. Jedan zemaljski činovnik je peljao komasaciju, sam u napušćenoj pošti. On je bio tako sam i takov siromah kot bivši peljač pošte. Neki stanovnici Fileža su silno potribovali prednosti. Neki su sproberivali slaninom i jajami, drugi grožnjom. Moja majka, uprav stoprv udovica, išla je s manom k zemaljskomu činovniku: *Ja sam udovica. Ja vam ne morem ništa dati.* Dostali smo dobre lapte.

Big

i mir

Mnogi naši lapti graničili su direktno na željezni zastor. Filež, tiho i mirno selo, ležalo je na koncu zapadnoga svita. Kadakoč smo čuli detonaciju i vidili dim i mislili – pokus biga? Moj stariotac pozdravljao je soldate za bodljivom vlakom uljudno po ugarsku. Ponajzad je dostao neuljudnost, isto po ugarsku. Ali starogaoca to nije bludilo, rado je govorio po ugarsku. Željeznica se je vozila kroz koridor od Šoprona Kerestur. Na granici su stupili u vagone četiri ugarski soldati sa strojnicami i su zauzeli izlaze. Majka se je svenek grozila: *Neka gledati kroz oblok van, ar ćedu striljiti.* Kada-tada je spao najednoč neki bigunac iz pograničnoga pasa na naš lapat. Dokle smo mi onde djelali. Pun veselja je Janos moje starestarje objamio. Oni su mu povidali kamo se mora pojti najaviti. Big je stao i u novina. A ime Filež isto. Bili smo ganuti.

Lapti su potribovali djela. Čuda djela. Pri žatvi je bilo i pauzov. Slamne žbričke smo pogazili, prostrli teke i servirali jilo. Enzian-sir, po sebi razumljivo, voda iz mozane, paradajske iz vrta, a kruh od dvi kile teškoga hlipca kruha. Muka za prošlost i budućnost. Skupa smo sidili i uživali. Mirno i smireno. Svetačno morebit. Da, malo svetačno je bilo svenek ča. A molilo se je pred i dugo za jilom. Snope su odvezli jednim vozom za drugim domom. Krave polako pred koli, a odrašćeni na strani uz kola, piše, ja odzad na daski, a pokrajina se je odaljivala svakim pojedinim korakom.

Po poljni puti smo se vozili najzad u stan. Na jednom laptu blizu sela bilo je jedno prosjedeno mjesto slično trekturu. *Zač je to tako, mama? – Dolina je od jedne bombe,* rekla je majka. Koncem Drugoga svitskoga boja približavao se je front Filežu. Jedan zrakoplov je dao spasti svoje poslidnje bombe. Nekoliki lapti su nosili te rane desetljeća dugo. A desetljeća kašnje – pri terapeutskoj naobrazbi –

smo si morali predstaviti jedan kip da bi ga svojim žitkom interpretirali. I odmah sam vidio dolinu na laptu. Zbantovanja ostanu kot brazgotine.

U poslidnji tajedni boja su moji staristarji i majka skopali u vrtu bunker – kot skrovišće. U vrtu, skopan u zemlju, pokrt daskami, a na nji kiće od kukorice. Nutri jedno malo mjesto za kuhanje i hrana. Pri alarmu zbog zrakoplovov se je obitelj povukla u škulju u zemlji. Sredstvo za opstanak.

U poslidnji miseci boja se nije samo front približio. Naciji i SS nas nisu kanili zignati „najzad u Indiju", ali ponajzad u Hrvatsku 1942. ljeta su naciji počeli idejom iseljavanja. U selu je vladao velik strah. Osebujno koncem boja. „Konačno rješenje židovskoga pitanja" i „konačno rješenje ciganskoga pitanja" se nije dalo prenesti na hrvatsku i ugarsku narodnu grupu. Hitlerov režim je bio povezan s fašističkimi Horthy- i Ustaša-diktaturami u Ugarskoj i Hrvatskoj. Iako su naciji odmah po okupaciji prepovidali hrvatske škole i institucije, dali su nam živiti. Kot Slavi smo ali brojili med „manjevridne" ljude. Trideset četiri milioni ljudi iz slavskih narodov su umoreni u Drugom svitskom boju. Ciljano izbrisanje slavskih i židovskih ljudi na istoku tribalo je Nimcem otvoriti novi životni prostor. U ta veliki strah je došla Črljena armija i dokonjala diktaturu. Tako mi nadalje živimo u Gradišću.

Mnogi Črljenu vojsku nisu doživili kot osloboditelja. A mnogi člani Črljene armije se i nisu ponašali kot osloboditelji. Grubnost od tisućih kilometrov punih umaranj i glada nije se dala nek tako otresti. Moja mat je kot trinaestljetna vičeć branila Tante Bözsi pred sovjetskim soldatom. Ujči Danijel opet shranio je svoje časne bojne znake i pozdravio Črljenu vojsku: *Neka živi diktatura proletarijata!* Po rusku! On je to znao. Črljeni armist nije bio prijatelj diktature proletarijata i ujči Danijel je dostao nadjel pukše na glavu.

Kad je počeo boj u Jugoslaviji, se je Austrija otvorila. Čuda se je pomagalo. I u Gradišću su se neke puste ceste prez dice napunile s dičinjom larmom. I u hrvatski seli. Bigunci su oživili prazne seljačke stane.

Ja sam podvarao bigunce u Beču i u Nimški Šica. Kot psihijater i psihoterapeut neka olakšam duševne boli biguncev. Smišno, uoči strašnoga zločinstva. Najapsurdnije spoznaje iz svakoga razgovora: *Oni su isti kot i mi. Isto obličeni, izgledaju kot mi, isto počesani. Potpuno isto.*

Ali isto tako more koč i nas trefiti. Važigačev i umornikov je jur bilo. Četiri mrtvaci u Borti, bombe na načelnika, na urede za vjenčanje i farnike, atrape bombov na dičjem igrališću na Stinjaki. Opet je valjalo: Bummsdernazl!

Od jednoga dana na drugi su morali sve ostaviti i pobignuti za svoj žitak i žitak svoje dice. Iz naše susjedne zemlje. 140 km od Fileža, bliže od St. Pöltena. Za nas – domovina praocev. Zemlja odmora. Nacija športa. Šarolika zajednica. Lipo bi bilo ako bi bila skupa-zrasla, ako ne bi bila nastala samo šarolika, nego i bliskava. Ali Jugoslavija je ostala savez zemalj, armijov, ostala je multietnička. Jerb strašnoga Ustaša-režima, ki je umorio milione Srbov, Židovov i Romov, je ekonomska kriza rashitila u narodnosni boj. Nekoliko važigačev je bilo dosta za stare rane. Jugoslavija se je raspala u boju med svojimi zemljami članicami. Poruka mrtve Jugoslavije Europskoj uniji!

Za vrime boja sam podvarao logor biguncev u Nimški Šica, u staroj zgradi carinarov. Čitav radni kolektiv jedne plastik-fabrike je pobig-nuo iz Bosne u Gradišće. Sedamnaest teretnjakov punih surad-nikov, njevih familijov i važnih mašinov. Mašine su demontirali u ufanju da je moru opet kade postaviti. Pred njimi vlasnik fabrike u Mercedesu. U koloni su se vozili iz Bosne prik Hrvatske u Gradišće. S početka je išlo dobro. Dica su pohadjala školu u Nimški Šica i se veselila učnji s domaćom dicom. Ali onda je Haider zaruo, a u Gradišću su se političari prestrašili. Dica već nisu smila u školu. Jilo je došlo iz krčme. Zvećega svinjsko meso za muslimane. 130 ljudi prez posla. Logorna groznica. Depresije. Pokušaji samoubijstva. Samoubijstva. Neka dojdem tamo.

Subota otpodne u januaru. Golo stabalje. Diboko sideće sunce je žmirilo nad snižnim poljem. Pogranična regija u melankoliji. Došao sam, stupio nutar, pozdravio sam je, a oni mene. Sidili smo u kru-gu na tepihu, pili čaj, a sunce je svitilo diblje. Ja sam prosio za prostoriju da počnem s ordiniranjem. Oni su klimali i me otpeljali u

jednu hižu sa stoli, slično jednomu školskomu razredu. Neka čekam. Očekivao sam pojedinačne razgovore. Nisam slutio ništa. Nekoliko minut kašnje stupilo je nutar sedamdeset žen u črnoj opravi i s črnimi rupci. Zapunile su klupe i stole i gledale me. Očima, u ke sam se jur i u Beču naučio gledati. Neizmjerna tuga. Njeva aura me je potukla. Ćutio sam se potpuno preopterećen uoči velikih očekivanj. Strah od neuspjeha da ništ neću zmoći. Htio sam proteći, „pobignuti". *Idem, mr me ne poznaju, jednostavno već nisam ovde. Mr me inako ne poznaju.* Još pri misli o mogućem odskoku počeo sam misliti i vidio sam spajajuće grupno iskanje, jedan „zdravstveni krug". Pomoću „zdravstvenih krugov" prati naše poduzeće IBG druga poduzeća pri iskanju poboljšanj zahvaljujući idejam suradnikov i suradnic. Premislio sam si prenesti ta postupak. Skupa smo – po hrvatsku i po englesku – izdjelali do škurine tri cilje ki su svim odgovarali. Cilje k samoopredeljenju i vlašćoj inicijativi, djelo kot antidepresiv: Prvič, vlašće kuhanje jila – zato stvoriti kuhinju u carinarskom domu. Drugič, napraviti vrtljac za vlašće povrće. I tretič, izgraditi igrališće za dicu s holajkom i još čuda drugim.

Predao sam te tri ideje svojemu razgovornomu partneru i prijatelju u zemaljskoj vladi dr. Güntheru Engelbrechtu. Prosio sam ga da nas podupira pri realizaciji. On tomu projektu nije davao šanse. *FPÖ nam sidi na vratu!* Ali borio se je s nami. I ugodalo mu se je pripeljati u carinarski stan električni vod s jakom strujom isto kot i preskrbiti materijal za kuhinju, za igrališće i za vrtljac.

U ljetu smo se moja žena i ja odvezli znatiželjno k carinarskomu domu u Nimški Šica. Samo na par minut. Otajno. Prik plota smo vidili dicu u vrtu. Na holajki. Sjeli smo se opet u auto i odvezli se dalje.

Bolschoi Beat Gradišće

Gradišćanski Funeral & Wedding Songs

Veseljačke jačke i jačke pri pokopu

Einleitung

Der Titel – gestohlen von den Funeral & Wedding Brass Bands am Balkan. Die Lieder – Jahrhunderte alt. Für mich – viele unbekannt. Mit den beiden CDs wollte ich die Schönheit der kroatischen Lieder in die Musikwelt von Rock, Pop, Reggae und Soul entführen, damit mehr Menschen an dieser Schönheit teilhaben können. Peter Vieweger gab mir den Mut zu diesem Projekt. Uns verbindet die gemeinsame Schulzeit, die gemeinsame Spielzeit bei „Drahdiwaberl" und die gemeinsame Produktion der CD „Bolschoi Beat: Kosmonauten der Liebe". Peter war Falcos Bandleader. Peter und Falco begannen in Kroatien als „Spinning Wheel", als Showband in den touristischen Zentren, wo sie zu jener kompakten Band verschmolzen, die rund um die Welt begeisterte. Er arrangierte alle kroatischen (bosnischen und serbischen) Lieder zu Songs und spielte fast alle Instrumente. Er verstand nicht die Texte, sondern nur Melodie, Rhythmus und Menschen.

Die wunderbaren Sängerinnen und Sänger kommen aus den kroatischen Communities Europas: Christiana Uikiza, geboren in Rumänien, Tome Jankovics in der Slowakei, Maria Knezovic's Eltern in Bosnien, Marco Blascetta's Vater in Italien. Aus Österreich singen Joško Vlasich, Berti Kuzmits, Zrinka und Ana Katarina Kinda sowie die Chöre „Graničari", „Zeljenaki", „Štokavci" und die A-cappella-Meister „Basbaritenori". Besonderen Dank an den Nikitscher Männerchor, an unser Ensemble „Graničari" und Martin Jordanich für die Aufnahme meines Großvaters.

Dank an meine Ratgeberinnen und Ratgeber Jakov Berlakovich, Kantor und Lehrer, Marica Kuzmich, Feri Fellinger, Joško Vlasich, Marijana und Monika Palatin, Martin und Franzi Jordanich, Elisabeth Piller, Renate Hipsag-Koutek, Ronald Subosits und Gisela Csenar.

Die kroatischen Lieder dieser CD sind zum Tanzen, Schmunzeln oder Trauern. Die Auswahl der Begräbnislieder ist geprägt durch den Nikitscher Männerchor und die Klagefrauen bei unseren Begräbnissen, die Auswahl der Freudenlieder vom nächtlichen Nachklang am Kirtag, meist bis in die Morgenstunden. Die Begräbnislieder würdigen und erleichtern die Trauer durch die Schönheit ihrer Melodien. Aber vor dem Tod lieben wir das Leben und leben wir die Liebe. Mit Ritualen voll Vielfalt und Liedern voll Sehnen nach Glück. Es sind Hochzeitslieder und Lieder auf dem Weg dorthin. Und schon damals erste Lieder für ein freies Frau-Sein.

Gewidmet sind diese CDs Adalbert Reidinger, früher Direktor am BORG Oberpullendorf, und Joško Vlasich, früher Lehrer am BORG, die nicht nur Generationen an jungen Menschen begleitet, sondern auch gemeinsam die KUGA gegründet haben. Gewidmet auch Stefan Weber, der Nikitsch, meine Mutter und ihr Gulasch sehr geliebt hat. Den Weg zu dieser CD ebneten mein Freund Dr. Robbie Lirsch und meine Frau Inge.

Uvod

Ovo je CD za Gradišćanske Hrvate i Hrvatice ... i za sve, ki nisu Gradišćanski Hrvati i Hrvatice. Ja sam odrasal na Fileži i Beči. Filež mi je dal srićno ditinstvo i mladost, zvanaredne starestraje, vesele susjede, lipe sestrice, dobre tovaruše, zabavu, igre, tance i rano kuševanje. Uopće su Filešci čuda jačili. Doma, na krčmi, na dvori, na kiritofi. Moja mama je jačila kad je tiglala. Nedilju otpodne kod večernje je tristo žen jačilo va crikvi ... crikva se je zdignula i zletila. Tako lipo. I jačili su na pokopi, fileški muški jačkari „Circum dederunt". Lipo ... i strašno. Otu jačku sam nažalost čuda puti čul: kod pokopa mojega oca, mojega ujčija, mojega starogaoca, moje staremajke, kod tovarušev i sestrice i na pokopu moje majke.

Kot i drugi mužikanti smo mi hrvatske jačke transferirali va Rock, Pop i Soul, da lipotu gradišćanske hrvatske jačke vidimo va drugoj prateži. Mi, to smo Peter Vieweger i ja. Ja sam ov CD produciral i jačke zibral. Peter Vieweger, muzičar i komponist, je sve jačke nanovič aranžiral i sve instrumente odigrao. Jačili su zvanaredni jačkari i ansambli. Sve skupa je ovo bilo muzikalno putovanje „domuon" va moje selo, kade se i moja žena i naš sin ćutu doma.

Liebes- und Hochzeitslieder
Veseljačke jačke

Okolo Fileža Rund um Nikitsch

Bijelo, bijelo vino Wein, Wein, Wein

Tamo daleko Weit in der Ferne

Oganj gori Das Feuer lodert

Na travniku Auf der Wiese

Oral jesam Ich habe gepflügt

Po sem selu gori, doli Durchs ganze Dorf

Ribari, ribari Oh, Ihr Fischer

Imala sam muža Ich hatte einen Mann

Zbogom otac i mati Lebt wohl, Vater und Mutter

Uz potočić Am Bächlein

Stopr sam se uženil Gerade habe ich erst geheiratet

Tancaj, tancaj, črni kos Tanze, tanze, schwarze Amsel

Nasred Gerištofa Inmitten Kroatisch Geresdorf

Va Gradišču okol Pinke Dort im Burgenland an der Pinka

BONUS Baratova Hymna Haushymne Karazman

Veselje
Freude

Lieder der Freude. Zusammenkommen. Singen. Aufblühen. Gesungen wird gerne. Mein Großvater sang mit den alten Männern im Gasthaus beim Kartenspielen. Mit meiner Großmutter sangen wir beim Rebeln der Maiskolben im Haus. Gesungen wird am Kirtag bis weit in den Morgen.

Bjelo, bjelo vino
Wein, Wein, Wein

Gesang: **Ensemble „Graničari" (Die Grenzer) Nikitsch Filež**
Bearbeitung und Musik: **Peter Vieweger**

Es werden alle Weine hochgelobt und gekostet,
aber betrunken sein geht gar nicht:
Wir trinken Weiß-Wein, weil weiß die Farbe der Reinheit ist.
Wir trinken Rot-Wein, weil rot die Farbe des Blutes und der Gesundheit ist.
Wir trinken gelben Wein, weil gelb die Farbe der Sonne ist.
Aber wenn jemand betrunken ist und nicht trinken kann,
fliegt er aus dem Gasthaus!

Tancaj, tancaj, črni kos
Tanze, tanze, schwarze Amsel

Gesang: **Christiana Uikiza**
Bearbeitung und Musik: **Peter Vieweger**
Saxophon: **Rudi Karazman**

Ein Kinderlied über Freude am Tanzen, mit roten Stiefeln, tanzen, tanzen …
Mensch: Tanze, tanze, schwarze Amsel.
Amsel: Wie, wenn ich bloßfüßig bin?
Mensch: Verkauf Ochs und Esel und kauf dir Stiefel, dann kannst du tanzen.

Bonustrack:
Kad fajront načinjin subotu
Saturday Night Fever

Gesang: **Großvater Joško Karazman (Baratov)**

Aufgenommen von: **Martin Jordanich**

„Mein Großvater singt, feiert den Feierabend und die Befreiung vom Joch der ungarischen Aristokratie.

Es ist Samstagabend, Feierabend! Ich bügle mein Sakko und meine Hose und geh feiern.

Mit Schampanja. Und freue mich, nichts mehr dem Grafen abliefern zu müssen.

Ljubav
Liebe

Die Liebe als zwischenmenschliche Qualität ist für die große Mehrheit der Menschen relativ jung. Leibeigenschaft degradierte zum „Es". Die Erfahrung der Liebe öffnet das Tor zum „Ich": „Sie liebt mich, also bin ich" – eine alte kroatische Weisheit. Die Mehrheit unserer Lieder ist der Liebe gewidmet, aus Frauen- wie Männersicht.

Na travniku
Auf der Wiese

Gesang: **Joško Vlasich (Bruji) und Maria Knezovic**
Bearbeitung und Musik: **Peter Vieweger**

Die Höfe eng und vielbewohnt. Die Wiese frei für das Wunder der Liebe.
Auf der Wiese ist meine Liebste eingeschlafen und hat sich verkühlt.
Ohnmächtig ist mein Schatz gelegen, vier Nächte habe ich bei ihr gewacht.
Dann hat sie mich um einen Apfel (ein Zeichen der Verlobung) gebeten.
Ich hab ihn ihr gegeben …

Oganj gori
Das Feuer lodert

Gesang und Pfeifen: **Christiana Uikiza**
Bearbeitung und Musik: **Peter Vieweger**
Saxophon: **Rudi Karazman**

Heißes Begehren entzündet sich zum Feuer.
Ein Mädchen musste das Vieh hüten, auf der Wiese, bis in den frühen Morgen.
Da kam ein Greis und sagte: „Du wirst die Meine!"
„Nein, nein, Alter. Deine werd ich nie, selbst dein Bart ist schütter."
Da kam ein junger Mann und lächelte verführerisch.
„Ja, ja, die Deine möchte ich werden. Ich öl mich ein, damit ich glatter bin.
Ich bad in Milch, damit ich heller bin." Die Wiese brennt …

Okolo Fileža
Rund um Nikitsch

Gesang: **Ensemble „Graničari" (Die Grenzer) Nikitsch Filež**
Bearbeitung und Musik: **Peter Vieweger**

Auch die Wälder waren Orte, sich der geliebten Person zu nähern und körperliche Leidenschaften zu teilen.
Rund um Nikitsch im dichten Wald ist meine Rose (Liebste) eingeschlafen.
Ich habe sie gesucht und gefunden, schlafend im Wald.
Sie ist erwacht und mir um den Hals gefallen.

Nasred Gerištofa
Inmitten Kroatisch Geresdorf

Gesang: **Ensemble „Zeljenaki" aus Kroatisch Geresdorf Gerištof**
Bearbeitung und Musik: **Peter Vieweger**

Kroatisch Geresdorf Gerištof ist ein Nachbarort von Nikitsch. Beide Dörfer verbinden viele Verwandt- und Freundschaften. Feri Fellinger ist Kantor, Chorleiter der Zeljenaki, Musiker der Gruppe „Pax" und Besitzer des Klavierhauses Förstl in Wien. Sponsor unzähliger Konzerte.
Männer: In Geresdorf auf einer Bank sitzt meine Rose.
Frauen: Jedes Mädchen hat einen Liebsten, nur ich nicht, ich bin allein.
Aber ich finde einen, mit schwarzen Augen, und schenke ihm mein Herz.

Veselje
Hochzeit

Die Hochzeit und die Tage rundum schmücken viele Rituale, Bräuche und Lieder. Viele Hochzeiten bauten nicht auf Liebe, sondern wurden von Eltern und Verwandten arrangiert. Am Hochzeitsabend geht das Paar in eine neue Lebenswelt und verabschiedet sich vom Elternhaus. In den Hochzeitsliedern spiegeln sich Melancholie und Ungewissheit der Ehe – und die weibliche Sorge um Freiheit im Patriarchat.

Ribari, ribari!
Oh, ihr Fischer!

Gesang: **Joško Vlasich, Zrinka und Katharina Kinda**
Bearbeitung und Musik: **Peter Vieweger**
Saxophon: **Rudi Karazman**

Dieses Lied singen die Freundinnen, wenn der Braut um Mitternacht der Brautkranz abgenommen wird. Im Lied wurde der Brautschleier verweht. Möglicherweise steht der Schleier für die (bald) verlorene Jungfräulichkeit. Mit Ambivalenz schaut die Braut in eine (sexuell) unbekannte Zukunft.

Braut: Mein Fährmann, mein Fährmann, kam bei dir mein Schleier an?
Er hat mir Schutz gegeben, jung und Frau zu leben!
Fischer: Mit dem Wind, den Schleier vor sich treibend,
dein Schleier mit dem Silberring im Donauwasser unterging.

Zbogom otac i mati!
Lebt wohl, Vater und Mutter!

Gesang: **Christiana Uikiza**
Bearbeitung und Musik: **Peter Vieweger**
Saxophon: **Rudi Karazman**

Der Bräutigam verabschiedet sich von seinen Eltern. Dieses Lied wird am Hochzeitsabend gesungen. Bei Inges und meiner Hochzeit haben es meine Mutter, Tante Marga und Tante Resa für uns gesungen.
Leb wohl Vater, leb wohl Mutter,
Leb wohl Schwester, leb wohl Bruder,

Lebt wohl alle, die ihr bleibt.
Ich bin euer vielgeliebter Sohn, dem ihr das Herz geöffnet habt.
Lebt wohl, die ihr bleibt, ich bleibe euer Kind.
Den Vater hab ich oft verärgert, der Mutter Herz war am Zerreißen.
Als Junger hab ich viel gemacht, was ich nicht verstanden habe.
Lebt wohl, die ihr bleibt. Aber vergesst mich nicht, lebt wohl.

Oral jesam
Ich habe gepflügt

Gesang: **Marco Blascetta, Zrinka Kinda**
Bearbeitung und Musik: **Peter Vieweger**
Saxophon: **Rudi Karazman.**

Dieses Lied weist in eine neue Zeit, wo Liebe Grund zur Heirat wird und die Frau
Achtung und Liebe verdient.
Sohn: Mutter, ich habe gepflügt, aber leider nur wenig. Ich habe weniger auf
die Pferde geschaut, als vielmehr auf die Mädchen, die das Wasser trugen.
Eines Morgens kamen drei Mädchen. Die dritte hat mir gefallen.
Mutter: Geh Sohn, geh, und bitte um ihre Hand.
Sohn: Ich habs versucht, aber die Eltern haben sie mir nicht gegeben.
Mutter: Versprich ihr unser ebenes Feld und die grünen Wälder.
Sohn: Ich habs versprochen, aber sie haben sie mir nicht gegeben.
Mutter: Versprich ihr Treue und Liebe.
Sohn: Mutter, die Eltern haben zugestimmt, und mich Schwiegersohn genannt.

Žena slobodna
Frau und frei

Viele Lieder stellen die Sehnsüchte und Erwartungen der Frauen in den Mittelpunkt, interpretieren die Liebe und fordern Respekt und Gleichwertigkeit. So patriarchalisch damals die Welt, so groß sind Stärke, Stolz und Stellenwert der Frauen, der Mütter, der Stare Majke. In den Bildungschancen unserer Jugend waren Burschen und Mädchen fast gleichrangig.

Stopr sam se uženil
Gerade erst habe ich geheiratet

Gesang: **Joško Vlasich**
Bearbeitung und Musik: **Peter Vieweger**

Ein früh-feministisches Lied. Nicht selten geschah die Disziplinierung des Mannes auch handfest.
Mann: Ich habe erst geheiratet und schon verhaut mich meine Frau. Und die Leute sagen im Dorf: „Recht hat sie!" Zur Besänftigung habe ich ihr Stiefel aus Cordoba gekauft.
Frau: Steck dir deine Stiefel an den Hut. Denn du gehst zu anderen Frauen im Dorf!

Imala san muža, maloga kot puža
Ich hatte einen Mann, klein wie eine Schnecke

Gesang: **Christiana Uikiza**
Bearbeitung und Musik: **Peter Vieweger**

Die Selbstverliebtheit der Männer hat so manche Liebe zerstört.
Ich hatte einen Mann, klein wie eine Schnecke.
Ich schneiderte ihm aus einem Viertel Leinen Jacke und Hose.
Und schickte ihn zu den Männern im Dorf
… und er, er stolzierte zu den Frauen!!!

Uz potočić
Am Bächlein

Gesang: **Tome Jankovič**
Bearbeitung und Musik: **Peter Vieweger**
Gast: **Franz Jordanich,** ehemals „The Fresh"

Abgeleitet vom russischen Volkslied „Stenka Rasin" bekam das Lied einen
kroatischen Text gegen Gewalt an Frauen. Als „The Carnival is over" wurde es
mit „The Seekers" ein Welt-Hit.

Ich ging am Bach entlang und sah eine wunderschöne Rose blühen.
Ich fragte die Rose, ob ich sie in meinen Garten mitnehmen kann.
Aber sie wollte dort bleiben, wo sie ist.
Später kam ein rüder Flegel des Weges, riss die Blume aus und steckte sie an
seine Brust.
Sie begann zu welken und verblühte. Da warf er sie weg.
Zertrampelt und verwelkt fand ich sie am nächsten Tag.

Ljubavna bol
Liebeskummer

Liebe führte selten zur Hochzeit, war oft nicht erlaubt. Soziale Normen, religiöse Verbote und familiäre Vorgaben nach Status, Vermögen und Strategien entschieden, ob die beiden ein Paar werden können. Die Ehe oft Zweckbündnis und Zwang. Der Weg zur Liebesheirat war und ist „steinig und schwer" – für jede Generation. Lieder über unerlaubte Liebe, erfüllt mit Kummer und Schmerz. Auch fern von zuhause, denn der Gang der Kroaten war der Fortgang, die Croatisada in die Welt. Fast nie freiwillig. Immer ums Über-Leben.

Po svem selu gori
Durchs ganze Dorf

Originalaufnahme: **Ensemble „Štokavci" (Schachendorf)**
Leitung: **Melanie Balaskovics und Ronald Subosits**
Bearbeitung und Musik: **Peter Vieweger**

Gerüchte machen im Dorf die Runde, dass ihr Geliebter einer anderen versprochen wurde. Sie nimmt den Traum seiner Liebe mit in den Tod.
Es ist Abend im Dorf. Niemand ist mehr auf der Straße.
Nur ein Mädchen wartet auf ihren geliebten Schatz, der nicht kommt.
Am nächsten Tag kommt der Geliebte zu ihr und klopft ans Fenster:
„Steh auf meine Liebe, steh auf, mein Schatz, komm herunter."
„Gerne würde ich auf dich hören, wenn ich nicht vernommen hätte,
dass ich dir nicht gehören kann, dass du mich verlassen wirst!
Wäre ich ein kleiner Vogel, würde ich mit einem Lied dein Herz betören.
Eines Tages werde ich nicht mehr sein, ruhen zwischen drei Holzplanken
mit einem süßen Traum."

Tamo daleko
Weit in der Ferne

Gesang: **Christiana Uikiza**
Bearbeitung und Musik: **Peter Vieweger, Rudolf Karazman**

Liebeskummer gab es auch in der Fremde. Das Lied entstand in den serbischen Gebieten und wanderte ins Kroatische. Die Fremde bleibt fremd, wie für viele Gastarbeiter, Flüchtlinge, Auswanderer – heute wie damals.
Weit, weit weg am Meeresstrand, dort ist mein Heimatdorf, dort ist meine große Liebe.
Du böse Fremde, willst mich vertilgen, warum muss ich all mein Sehnen begraben?
Ich werde nach Hause zurückkehren, übers Meer werde ich fliegen.
Dorthin, wo mein Dorf ist, wo meine große Liebe ist.

Va Gradišću okolo Pinke
Dort im Burgenland an der Pinka

Gesang: **Gruppe „Basbaritenori" mit Tome Jankovič, Filip Tyran, Ruben Gludovacz, Palček Maly**
Musik: **Peter Vieweger**

Die gleiche Melodie wie Uz potočić, aber ein Text über das Verblassen von Liebe, von der ersten Liebe zur nächsten.

Begräbnislieder
Pogrebne pjesme

Odhajaj Bogu Entschwinde zu Gott

Bože, ki si gospodar Gott, der Du unser Gebieter bist

Circum de derunt Stricke des Todes

K tebi, o dobri Bog Näher zu Dir, gütiger Gott

U raj nebeski Im Himmelreich

Gradišćanski
Funeral Songs

Der Tod eines nahen Menschen wurde tagelang zuhause betrauert. Dann, wenn es Richtung Grab ging, hoben die Chöre an. Hier der Nikitscher Männergesangsverein, dessen Männer im Sommer gerade vom Feld oder von der Werkstatt kamen. Dort die Klagefrauen, deren stetes Singen die Trauernden trug. Und dann alle. Hunderte. Abschied wird für alle von allen genommen.
Das Leben der Menschen war hart und schwer, ob am Feld, am Bau, in der Bedienung, in der Leibeigenschaft. Die Verhältnisse autoritär und drückend. Komfort allerhöchstens sonntags am Teller. Wir waren das Armenhaus Österreichs – bis in die Siebziger-Jahre. Und so besingen viele Begräbnislieder die Befreiung von der Last des Lebens. Endlich Gerechtigkeit im Himmel. Ein befremdender Glückshauch, wie in den Gospelsongs der schwarzen Menschen im Süden der USA.

Circum de derunt
Stricke des Todes

Gesang: **Nikitscher Männerchor**
Leitung: **Jakov Berlakovich**
Bearbeitung und Musik: **Peter Vieweger**

Dieses lateinische Lied gesungen von unserem Männerchor gab mir die Inspiration für diese CD. Der Chor besteht seit Generationen und erneuert sich von Jahr zu Jahr. Sie singen zum Abschied. Sein mehrstimmiger Gesang rührt immer und immer.
Danke, dass Du mich erhört hast, mich aus den Stricken von Tod, Schmerz und Not befreist.
Ich kam in Jammer und Not, aber ich rief den Namen des Herrn: Herr, errette meine Seele.
Der Herr ist gnädig und gerecht und barmherzig.
Der Herr behütet die einfachen Menschen, so hilft er mir, wenn ich unterliege.

Bože, ki si gospodar
Gott, der Du unser Gebieter bist

Gesang: **Christiana Uikiza, Tome Jankovič, Berti Kuzmits**
Bearbeitung und Musik: **Peter Vieweger**

Gott soll verzeihen und dem Toten Eintritt ins Paradies gewähren.
Gott, der Du unser Gebieter bist, im Leben wie im Tod, gib uns Hilfe durch
Barmherzigkeit.
Schau auf die Trauernden, übe Mitleid mit den Toten, verzeih die Sünden,
gib uns ewige Ruhe. Verzeih!

Odhajaj Bogu
Entschwinde zu Gott

Gesang: **Christiana Uikiza, Tome Jankovič, Berti Kuzmits**
Bearbeitung und Musik: **Peter Vieweger**

Auch hier soll die Glücksverheißung nach dem Tod des geliebten Menschen
die Trauer mildern.
Der Last des Lebens losgelöst, der lange Weg zu Ende geht.
Mäander breit, zu Gottes Schoß der Güte angekommen.
Er holt dich in eine Welt der Güte.
Dein Körper wandelt von der Erde, aus der erschaffen, zum barmherzigen Gott.

U Raj nebeski
Im Himmelreich

Gesang: **Christiana Uikiza, Tome Jankovič**
Bearbeitung und Musik: **Peter Vieweger**

Das Leben als qualdurchwachte Nacht.
In das Reich Gottes haben dich die Engel gebracht, wie Lazarus, zu Gott, ins ewige Leben.
Aus der Tiefe steig ich auf zu Dir, mein Herr, erhöre meinen Schrei, oh Herr.
Und wenn Du auf meine Schuld schaust, was wird davon bleiben, mein Herr?
Aber Du verzeihst uns, ich hoffe, mein Herr, auf Dein Wort, und dass es geschehe.
Auf Dich wartet meine Seele wie auf eine Morgendämmerung nach durchwachter Nacht.

K Tebi, o dobri Bog
Nearer, my God to thee
Näher zu Dir, gütiger Gott

Englischer Choral 1841
Komposition: **Lowell Mason**
Englischer Text: **Sarah Flower Anders**
Gesang: **Christiana Uikiza, Tome Jankovič**
Bearbeitung und Musik: **Peter Vieweger**

Auch hier, der Tod als Erlösung. Bald 200 Jahre alt ist dieses englische Trauerlied und wurde in viele Sprachen übersetzt. Neuere Bekanntheit hat das Lied mit der Titanic 1912 erhalten, wo es die Bordkapelle beim Untergang des Schiffes gespielt haben soll. Im Film „Titanic" begleitet es Leonardo di Caprio und Kate Winslet in die letzte Szene.

Näher, mein Gott, zu Dir, näher zu Dir! Drückt mich auch Kummer hier, drohet man mir.
Soll doch trotz Kreuz und Pein, dies meine Losung sein: Näher, mein Gott, näher zu Dir.

„Graničari" aus Nikitsch/Filež

Christiana Uikiza

Joško Vlasich

Konzeption und Produktion: **Rudi Karazman**
Musikalische Produktion und Bearbeitung
der Traditionals: **Peter Vieweger**

Die Engelsstimmen:
Christiana Uikiza
Tome Jankovič
Joško Vlasich
Berti Kuzmits
Zrinka Kinda
Ana Katarina Kinda
Maria Knezovic
Marco Blascetta

Großartige Ensembles:
„Graničari" aus Nikitsch/Filež
„Štokavci" aus Schachendorf/Čajta
„Zeljenaki" aus Kroatisch Geresdorf/Gerištof
„Basbaritenori" aus Österreich/Slowakei
„Filežki Jačkari" aus Nikitsch/Filež

Gastbeiträge:
Franz Jordanich
Martin Jordanich
Niklas & Rudolf Karazman

BEATLAND
BEATLAND 39550
www.hoanzl.com
www.bolschoibeat.com

BOLSCHOI BEAT

BEATLAND

Dank

Ich danke so vielen, die rund um dieses Ergebnis mitgewirkt haben. Zu allererst dem Verlag edition lex liszt 12, der mir die Möglichkeit zur Veröffentlichung gegeben hat. Danke an Lektorin Christine Heindl, Dr. Annemarie Klinger, Grafiker Karl Guttmann und Verlagsleiter Horst Horvath. Danke meinen Helden seit Jugendtagen, Prof. Joško Vlasich für die kroatischen Texte, Prof. Karin Gregorich für die kroatische Supervision und Peter Vieweger, der mir den Mut gab, unsere Lieder in neue Gewänder zu kleiden. Danke an Mag.[a] Christiana Uikiza für die verblüffenden und lustigen Zeichnungen. Danke an all die wunderbaren Sängerinnen und Sänger, dank an Granicari, Stokavci, Zeljenaki und Basbaritenori. Besondern Dank an Martin Jordanich für die Aufnahme meines Großvaters und Dank an meine Reiseleiter Feri Fellinger und Jakov Berlakovich. Und danke der Burgenländischen Landesregierung für die finanzielle Unterstützung dieses Buches.

Unbekannterweise spiritueller Dank an Saša Stanišić. Beim Lesen seiner „Herkunft" fiel die Erzählung in mich ein. Ich schrieb los und hörte im Jugoslawienkrieg auf. Der Stil von Saša Stanišić erinnerte mich an meine großen Lieblingsautor*innen. An Bora Cosic aus Belgrad und seine Familie vor dem Hintergrund der Weltrevolution, an Ana Tajder aus Zagreb und ihr Titoland und an Wladimir Kaminer aus Moskau mit seiner liebesvollen Ironie des einfachen Alltags.

Danke an Staric otac Jandre und Stara majka Agnjica, danke an meine Eltern, danke an die vielen großartigen Nachbarn und Menschen in Nikitsch und Umgebung, egal welcher Muttersprache, und danke an meine Frau und meinen Sohn, der manchmal mein Schüler, und noch öfter mein Lehrer ist. Beide leben und lieben Nikitsch mit mir.

Hvala

Hvalim tolikim, ki su sudjelivali okolo ovoga projekta. Najprvo nakladi lex liszt12, ka nudi mogućnost dojti do poetskoga priznanja. Hvala Kristini Heindl, Annemariji Klinger, Karolu Guttmannu i Horstu Horvathu. Hvalim mojim vitezom iz mladenačkih ljet Joški Vlašiću, za hrvatski prevod, prof. Karini Gregorić za hrvatsku superviziju a i Petru, ki me je ohrabrio obući naše jačke u novu pratež. Zahvalim Christiani Uikiza za kipice. Hvala svim izvanrednim jačkaricam i jačkarom, hvala Graničarom, Štokavcem, Zelenjakom, Basbaritenorom. Posebna hvala Martinu Jordaniću za snimku mojega staroga oca, a hvala i mojim peljačem puta Feriju Fellingeru i Jakovu Berlakoviću. CD bi bez pomoći moje žene i mojega dragoga prijatelja Roberta Lirscha nebi bio uspjeo. Hvala i Gradišćanskoj zemaljskoj vladi na financijskom podupiranju ove knjige.

Spirituelnu hvalu šaljem Saši Stanišiću i ako se ne poznamo. Pri čitanju njegovog romana „Herkunft" je spala u mene moja priča. Ja sam jednostavno počeo pisati i sam završio kod jugoslavskoga boja. Stil Staše Stanišića me spominja na moje najobljubljenije autor:ice. Na Boru Ćosić iz Belgrada i njegovu obitelj pred pozadinom svitske revolucije, na Anu Tajder iz Zagreba i nje Titoland i na Wladimira Kaminera iz Moskve sa svojom ironijom punom ljubavi k jednostavnoj svakidašnjici.

Hvala staromu ocu Jandri i starojmajki Agnjici, hvala mojim roditeljem, hvala svim prekrasnim susjedom i ljudem u Filežu i okolici, svejedno kakov materinski jezik imaju, a hvala i mojoj dragoj ženi i mojemu sinu, ki je koč-toč moj školar ali većkrat moj učitelj. Obadvimi živu i ljubu Filež.

Biografien

Rudolf Karazman
wurde 1955 in Nikitsch/Filež geboren und lebt in Wien und Nikitsch mit seiner Frau Inge, einer Soziologin, und Sohn Niklas, baldiger Arzt. Er studierte Mathematik, Physik und Psychologie, beendete 1985 das Studium der Medizin. Er wurde Facharzt für Psychiatrie an der Universitätsklinik im AKH Wien, Psychotherapeut (Existenzanalyse) und Arbeitsmediziner. 1995 gründete er das Institut für humanökologische Unternehmensführung IBG, welches mit 200 Mitarbeiter*innen und 8 Standorten das größte Unternehmen im Bereich des betrieblichen Gesundheitsmanagement in Österreich wurde (www.ibg.at). Lehrbeauftragter an der Medizinischen Universtiät und an der WU Wirtschaftsuniversität Wien, an der Sigmund-Freud-Privatuniversität sowie an der Medizinischen Universität Zagreb. Projektleiter in Arbeitswelt-Projekten und politischer Berater für Minister und EU-Behörden zu Arbeitsweltreformen, darunter die Gestaltung der website www.arbeitundalter.at für Industriellenvereinigung und Arbeiterkammer. 2014 erhielt er den Titel „Professor". Gründer der Initiative „Der Mensch zuerst – Spitalspersonal gegen Ausländerfeindlichkeit". Mitbegründer der Motovun Summer School for Health Promotion in Istrien/HR, des Anti-Mobbing-Netzwerks in Kroatien und der SEEWA (South Eastern European Workplace Academy) mit Prof. Jadranka Mustajbegovic. Mit Peter Vieweger spielte er als Schüler bei Drahdiwaberl Saxofon. Mit seinen Freunden Erwin Schuh, Georg Siegl und Ingo Riss gründete er 1988 die Band „Bolschoi Beat", die mit „Popaganda for Peace and Perestrojka" begeisterte. Ein bisschen zumindest. Ihre Musik ist auf der CD „Kosmonauten der Liebe" dreißig Jahre später von Peter Vieweger festgehalten worden. Mit Peter verwandelte er burgenländisch-kroatische Liebes- und Begräbnislieder zu den beiliegenden CDs „Gradisćanski Funeral & Wedding-Songs".

Joško Vlasich

Geboren 1950 in Oberpullendorf und wohnhaft in Großwarasdorf/Veliki Borištof. Verheiratet mit Psychotherapeutin Zlatka Vlasich-Melisits. Beide haben drei Kinder – Konstantin, Julian und Ivana. Studium der Germanistik und Slawistik an der Universität Wien. Er arbeitete als Pädagoge, Kulturarbeiter und Politiker, als Landtagsabgeordneter der Grünen. Mitbegründer der KUGA Großwarasdorf/Veliki Borištof, des „Mehrsprachigen offenen Radios MORA" und der Band „The Brew", die er 1980 gemeinsam mit seinen damaligen Kollegen zu BRUJI umwandelte. Er schreibt den Großteil der BRUJI-Texte, ist Sänger und komponiert gemeinsam mit seinen Bandmitgliedern die BRUJI-Lieder. Von 1978 bis 2015 arbeitete er als AHS-Lehrer für Deutsch, Russisch und Kroatisch am BRG Oberpullendorf. Zwischendurch leitete er von 1991 bis 2000 als Geschäftsführer der KUGA den Umbau der alten Schule in das interkulturelle Zentrum KUGA. 2000 bis 2010 arbeitete er als Landtagsabgeordneter und Landessprecher der Grünen Burgenland. Als freier Schauspieler hat er in kleinen und mittleren Rollen beim Sommertheater in Kobersdorf (Krach in Chiozza, Dreigroschenoper u. a.) und im Posthof Linz sowie Theater Akzent in Wien mitgespielt, auch in Filmen wie „Hochzeit auf dem Lande", „Muttertag" und „Kaisermühlenblues". Seit 2015 ist Joško im (Un-) Ruhestand und führt seine ehrenamtlichen Funktionen weiter (Verein MORA/Radio OP, ARGE Region Kultur, eu-art-network u. a.). Er unterstützte als Redakteur die Hrvatska redakcija des ORF-Burgenland. Seine Hobbies waren und sind Musik, Schauspiel, Radiomachen oder Fußball (1968 bis 1970 – Einberufungen in das burgenländische Junioren-Team und die österreichische Auswahl U-18).

Peter Vieweger
ist 1954 in Wien geboren und lebt mit seiner Frau Caroline aus Kanada in Wien. Peter Vieweger ist ein österreichischer Musiker, Produzent und Komponist. Er studierte Instrumentalmusik und Gitarre an der Universität Wien und besuchte das Konservatorium für Musik, um Jazz zu studieren und Musikarrangements zu lernen. Peter Vieweger war von 1972 bis 1981 Gitarrist und Komponist der Rocktheaterband „Drahdiwaberl". 1983 nahm er als Sänger und Komponist mit der Band „Westend" am Eurovision-Song-Contest teil und erreichte im großen Finale in München die Top 10. Peter Vieweger war von 1980 bis 1987 Bandleader und Gitarrist des österreichischen Popstars „Falco", der mit den weltweiten Nummer-1-Hits „Der Kommissar" und „Rock me Amadeus" berühmt wurde. Er spielte alle Gitarren für Falco's erstes Album „Einzelhaft". Zuvor spielten sie als Showband „Spinning Wheel" mehrere Jahre in Kroatien. Zu seiner Tätigkeit als Komponist begann er 1984 Musik zu produzieren und hat bis jetzt über 300 Songs veröffentlicht. 2004 wurde er Vorstandsmitglied der AKM, der Österreichischen Gesellschaft der Autoren, Komponisten und Musikverleger, und ist seit 2018 deren Präsident. 2007 wurde er Gründungsmitglied des Österreichischen Musikfonds und ist hier Vorstandsmitglied. Neben Falco hat Peter Vieweger mit Künstlern wie Shirley Bassey, Inga und Annette Humpe, Kottans Kapelle, DÖF, Stefan Remmler (Trio), Taylor Dayne, Charlie Watts, Nina Proll, Oota Dabun, Bolschoi Beat und Kapitän Wolf zusammengearbeitet .

Christiana Uikiza

ist Sängerin, Songwriterin, Magistra der Publizistik und ausgebildete Kinderpädagogin. Ihr rauchiges und facettenreiches Timbre erstreckt die Stimmakrobatin über fünf Oktaven. Geboren wurde sie in Resita, Rumänien, als Angehörige der kroatischen Minderheit. In ihrer Kindheit hat sie 8 Jahre lang Geige an der Musikschule studiert, später folgten Klavier und Gitarre. Sie tourte schon damals international und national mit einem bekannten Kinderchor. Von Rumänien zog sie nach Zagreb, um zu studieren, und machte parallel Musik. Unter den vielen musikalischen Erfolgen während des Studiums glänzen eine Nr. 1 in den kroatischen Charts (Jazz Cover von „Dream a little dream"), ein erster Platz beim „Festival der Französischen Chansons" oder die Rolle der Dionne im Musical „Hair". Heute lebt sie in Wien, spielt mit den besten Musikern des Landes und brachte drei eigene Alben heraus. Auf ihrem dritten Album „How to get" unterstützen sie Grammy-Größen, wie Vinnie Colaiuta (Sting's Drummer), David Sanborn (Saxofon-Legende) oder Kevin Mahogany, eine der besten Jazz-Stimmen aller Zeiten. Es folgten zahlreiche internationale Auftritte, von Kopenhagen über Berlin, Rom, Budapest, Istanbul, Zürich, Warsaw, Zagreb, Hamburg, bis Frankreich, Prag, Bruxelles, sowie bei renommierten Events wie Jazzfest Wien, Stadtfest Wien und viermal Opernball. Christiana war auch im Burgenland aktiv, als Sängerin der burgenländisch-kroatischen Band PAX sowie als Stimmtrainerin bei den KUGA-Rockworkshops. Auf der beiliegenden CD von Bolschoi Beat Gradišće kann man ihren wunderschönen Gesang in mehreren Liedern genießen. Sie hat nicht nur Talent für Musik und Sprachen (sie spricht sechs Sprachen), sondern erschuf auch die Zeichnungen für dieses Buch.

Quellenangabe

Coverbild
  von Markus Huber,
  im Privatbesitz von Rudolf Karazman

Zeichnungen
  von Christiana Uikiza nach Fotos
  aus dem Privatbesitz von Rudolf Karazman

Fotos
  Seite 152 Privatbesitz Rudolf Karazman
  Seite 173 Privatbesitz Rudolf Karazman
  Seite 174 Privatbesitz Rudolf Karazman
  Seite 175 Privatbesitz Rudolf Karazman
  Seite 177 von Barbara Baldauf,
  im Privatbesitz von Rudolf Karazman
  Seite 180 Privatbesitz Rudolf Karazman
  Seite 181 Privatbesitz Joško Vlasich
  Seite 182 Privatbesitz Peter Vieweger
  Seite 183 Privatbesitz Christiana Uikiza

CDs
  Label Beatland 39550

Ebenfalls in der edition lex liszt 12 erschienen:

TONI PERUSICH | JOŠKO VLASICH (HG.)
BRUJI
40 Jahre/Ljet Krowodnrock
inkl. Songbook & CD mit zwei Liedern
Deutsch | Kroatisch

Für die einen waren/sind BRUJI das Erweckungserlebnis, Rufer in der Wüste oder auch singende Botschafter der Burgenlandkroatinnen und Burgenlandkroaten in ganz Österreich, für die anderen wiederum kompromisslose Kritiker jener Tamburizzagruppen im Burgenland, welche ab den 1950er-Jahren die kroatischen Volkslieder in ihren bunten Trachten zu Markte trugen und der Assimilation nichts entgegenhielten. BRUJI sind aber auch Wegbereiter eines dritten Weges, nämlich jenem zwischen der Volkstümelei und der Assimilation. Sie stehen für ein mehrsprachiges Burgenland. Ganz gewiss sind sie jedoch eines: Begründer des Krowodnrock, einer einzigartigen Stilrichtung in der österreichischen Rock- und Popmusik.
In der BRUJI-Biografie samt einem Songbook und einer CD mit zwei Liedern, die BRUJI anlässlich ihres 40-jährigen Bestehens aufgenommen haben, kommen auch mehrere Autorinnen und Autoren zu Wort, die die burgenländische Band über Jahre und Jahrzehnte begleitet haben, u. a. die Musikethnologin Ursula Hemetek, der Sprachwissenschaftler Rudolf de Cillia, die Publizistin Anita Malli, der Chefredakteur der Hrvatske novine Petar Tyran und der Mediziner und Musiker Rudolf Karazman.

Toni Perusich, Joško Vlasich (Hg.): BRUJI 40 Jahre/Ljet Krowodnrock, Deutsch I Kroatisch, edition lex liszt 12, Oberwart 2020, brosch., Abb., 180 Seiten, mit CD, ISBN: 978-3-99016-184-5

JAKOB MICHAEL PERSCHY
Hundert Wörter Burgenländisch
Ein Beitrag zu 100 Jahre Burgenland

Der burgenländische Autor Jakob Michael Perschy, der als Leiter der Landesbibliothek sozusagen an den literarischen Quellen waltet, legt ein Mundartglossar von 100 ausgesuchten burgenländischen Mundartwörtern vor. Mit wissenschaftlicher Akribie und liebevollem Esprit beschreibt er ein kleines Stück aus dem prachtvollen Sprachschatz des Burgenlandes.

Jakob Michael Perschy: Hundert Wörter Burgenländisch, edition lex liszt 12, Oberwart 2021, geb., 124 Seiten, ISBN: 978-3-99016-193-7

ANDREAS LEHNER | PAUL MÜHLBAUER | FRITZ POMM
100 Jahre Burgenland
durch die Augen der Resl-Tant
Satireprojekt/Kunstbuch

Das 100-jährige Bestehen des Burgenlandes hat das Kunst-Literatur-Kollektiv Lehner & Mühlbauer & Pomm zum Anlass für eine besondere und besonders maßlose Publikation genommen. Auf den Spuren der Resl-Tant entfaltet sich eine Lebensgeschichte, die ihresgleichen sucht, immer wieder eng verschlungen mit der Geschichte des Burgenlandes und der ganzen Welt.

Andreas Lehner, Paul Mühlbauer, Fritz Pomm: 100 Jahre Burgenland durch die Augen der Resl-Tant, edition lex liszt 12, Oberwart 2020, brosch., Abb., 136 Seiten, ISBN: 978-3-99016-188-3

**LESEN.
LIEBEN.
LERNEN.**

Das burgenländische Verlagshaus edition lex liszt 12

Die edition lex liszt 12 positioniert sich in der österreichischen Verlagslandschaft mit Publikationen aus und über das Burgenland, dem Grenzraum und Zentraleuropa. Die sprachliche und kulturelle Vielfalt des Landes findet ihren Niederschlag nicht nur in der Literatur, sondern auch in Biografien sowie Sachbüchern zu wichtigen kultur-, gesellschaftspolitischen und sozialen Themen.

Schwerpunkte im Verlagsprogramm:

• Publikation von Literatur aus dem Burgenland
• Beiträge zur burgenländischen Zeitgeschichte
• Volksgruppe der Roma im Burgenland
• Geschichte der jüdischen Gemeinden im Burgenland

Autorinnen und Autoren sind:

• Literatinnen und Literaten aus dem Burgenland, in deren Prosa und Lyrik sich die Sprachenvielfalt widerspiegelt
• Publizistinnen und Publizisten, die sich struktur-, kultur- und gesellschaftspolitischen Themen des Burgenlandes widmen

Zum Verlagsprogramm der edition lex liszt 12 gehört ebenso die Einbeziehung bildender Künstlerinnen und Künstler. Einerseits werden sie eingeladen, Covers zu literarischen Texten zu gestalten, andererseits werden Bildbände und Porträts bildender Künstlerinnen und Künstler herausgegeben. Ausgewählte Hörbücher und CD-Produktionen ergänzen das umfassende Angebot des Verlagshauses, das bereits mehrfach ausgezeichnet wurde.

**TE GENEL.
TE KAMEL.
TE SIKLOL.**

**OLVASNI.
SZERETNI.
TANULNI.**

**ČITATI.
LJUBITI.
UČITI.**